JN236039

ピエール・ル・ミュエ

「万人のための建築技法」
注解

鈴木　隆　訳・解説

中央公論美術出版

Manière de bien bastir pour toutes sortes de personnes
by
Pierre Le Muet
Japanese Translation by Takashi Suzuki
Published 2003 in Japan
by Chūō-Kōron Bijutu Shuppan Co.,Ltd.
ISBN4-8055-0450-1

MANIERE
DE BIEN BASTIR
POVR TOVTES
SORTES DE PERSONNES.

PAR

PIERRE LE MVET, Architecte ordinaire du Roy,
& conducteur des desseins des Fortifications en la
Prouince de Picardie.

REVEVE, AVGMENTEE ET ENRICHIE EN
cette seconde Edition de plusieurs Figures, de beaux Bastimens & Edifices,
de l'inuention & conduite dudit sieur le Muet, & autres.

A PARIS,

Chez IEAN DV PVIS, ruë Sainct Iacques,
à la Couronne d'or.

M. DC. LXIII.

AVEC PRIVILEGE DV ROY.

原著第二版（ジャン・デュ・ピュイ刊）表紙絵

MANIERE DE BASTIR
pour touttes sortes de personnes
PAR
Pierre le Muet Architecte ordinaire
du Roy et Conducteur des desseins
des fortifications en la province
de Picardie.
Reueue et augmentee en cete
seconde edition de plusieurs
figures de tresbeaux Bastimans et
Edifices de Ĩnuention et con=
duite dudit Sʳ P. le Muet, et
au tres

A PARIS
Chez Iean du
Puis ruë S.ᵗ Iacque,
A la Couronne
D'or.

Auec Priuilege du Roy MDCLXIV

原著第二版（ジャン・デュ・ピュイ刊）口絵

目 次

万人のための建築技法

国王陛下へ ……………………………………………………………………………… 3
読者諸氏へ ……………………………………………………………………………… 4
刊行允可抄本 …………………………………………………………………………… 5
あらゆる建物の建築において守られるべき事柄についての概説 …………………… 6
    あらゆる建物の建築において、耐久性、利便性もしくは快適性、
        美しい構成、および、住戸の衛生に配慮する必要がある ……………………… 6
    組積構造物および掘削空間の測定についての端書 ………………………………… 8

第1類型敷地、間口12ピエ、奥行き21ピエ半から25ピエ未満まで、における配置 ……… 10
第2類型敷地、間口12ピエ、奥行き25ピエ、における配置
    間口15ピエ、奥行き35ピエ半まで適用可能 …………………………………………… 12
第3類型敷地、間口15ピエから18ピエ半まで、奥行き35ピエ半から48ピエ半まで、
    における第1配置 ……………………………………………………………………… 14
第3類型敷地における第2配置 …………………………………………………………… 16
第3類型敷地における第3配置 …………………………………………………………… 18
第4類型敷地、間口18ピエ半から20ピエまで、奥行き50ピエから61ピエ半まで、
    における配置 …………………………………………………………………………… 20
第5類型敷地、間口20ピエから30ピエまで、奥行き同じく61ピエ半、における配置 …… 22
第6類型敷地、間口30ピエから38ピエまで、奥行き58ピエから100ピエまで、
    における配置 …………………………………………………………………………… 24
第6類型敷地、同じく間口30ピエ、奥行き58ピエ、における第2配置 ………………… 26
第7類型敷地、間口およそ38ピエ、奥行き100ピエ、における配置 …………………… 28
第7類型敷地の手前および奥住棟立面 …………………………………………………… 30
第8類型敷地、間口50ピエ、奥行き58ピエ、における配置 …………………………… 32
第8類型敷地における第1配置の二階 …………………………………………………… 34
第8類型敷地、同じく間口50ピエ、奥行き58ピエ、における第2配置 ……………… 36
第8類型敷地における第2配置の二階 …………………………………………………… 38
第8類型敷地、同じく間口50ピエ、奥行き58ピエ、における第3配置 ……………… 40
第8類型敷地における第3配置の二階 …………………………………………………… 42
第9類型敷地、間口57ピエ、奥行き120ピエ、における配置 ………………………… 44
第9類型敷地における第1配置の二階 …………………………………………………… 46
第9類型敷地における第1配置の手前住棟中庭側立面 ………………………………… 48
第9類型敷地における第1配置の奥住棟中庭側立面 …………………………………… 50
第9類型敷地、同じく間口57ピエ、奥行き120ピエ、における第2配置 …………… 52
第9類型敷地における第2配置の二階 …………………………………………………… 54

第9類型敷地における第2配置の手前住棟街路側立面	56
第9類型敷地における第2配置の奥住棟中庭側立面	58
第9類型敷地、同じく間口57ピエ、奥行き120ピエ、における第3配置	60
第9類型敷地における第3配置の二階	62
第9類型敷地における第3配置の手前住棟街路側立面	64
第9類型敷地における第3配置の奥住棟中庭側立面	66
第9類型敷地、同じく間口57ピエ、奥行き120ピエ、における第4配置	68
第9類型敷地における第4配置の二階	70
第9類型敷地における第4配置の手前住棟街路側立面	72
第9類型敷地における第4配置の奥住棟中庭側立面	74
第9類型敷地、同じく間口57ピエ、奥行き120ピエ、における第5配置	76
第9類型敷地における第5配置の二階	78
第9類型敷地における第5配置の手前住棟街路側立面	80
第9類型敷地における第5配置の奥住棟中庭側立面	82
第10類型敷地、間口72ピエ、奥行き74ピエ、における配置	84
第10類型敷地における配置の二階	86
第10類型敷地の住棟の中庭側立面と翼棟街路側立面	88
第11類型敷地、間口72ピエ、奥行き112ピエ、における庭園を省いてみた配置	90
第11類型敷地における前記の配置の二階	92
第11類型敷地の手前住棟街路側立面	94
第11類型敷地の主たる住棟中庭側立面	96
第12類型敷地における配置 　　　間口70ピエ、奥行き36ピエの奥行き方向二室配列のパヴィリオン	98
第13類型敷地、間口101ピエ、奥行き45ピエ、における配置 　　　左右二つのパヴィリオンをもつ住棟	100
木骨造建物	104
屋根の小屋組の建設方法：屋根裏に寝室をつくる場合のように、 　　　エンタブラチャーを最上床よりかさ上げした小屋組	106

ル・ミュエ「万人のための建築技法」とその意義　　鈴木　隆　　119

1．ル・ミュエとその時代	119
2．ル・ミュエの活動	120
3．「万人のための建築技法」の刊行	122
4．ル・ミュエの学習	122
5．「建築技法」を通して見る都市の家屋	125
6．「建築技法」と時代思潮	132

付録：「万人のための建築技法」増補挿図　　141

あとがき	176

万人のための建築技法

ピエール・ル・ミュエ 著

国王一般建築家にして
ピカルディー地方城砦設計監督官

国王陛下へ

陛下、

　私は、陛下にこの書を捧げて、皇帝アウグストゥスに建築書を献上したヴィトルヴィウスにあやからんとしておりますが、陛下がかの名だたる皇帝の栄光を凌駕されたように、私がこの偉大かつ著名なる作者の業績に近づくことができたと考えるような思い上がりはもちあわせておりません。かの建築書は皇子の愛読書となるに値するものでありましたが、それと比べて私の作品は陛下の御前にお示しするにはおよそふさわしくないことを十分に承知いたしております。しかしながら、それではまたしても陛下に私の作品をお示しする機会を逸してしまいますので、こうしてそれを献上申し上げる次第であります。思うに、陛下はこれまで私に、建築の技に励むあらゆる便宜を惜しみなくお与え下さいました。そして、私は世の人々の助けになるであろう建築についての何がしかの知識を得ることができました。私はあなた様のお陰をもちまして初めてそれをなし得るのでありますから、私がなし得るものをあなた様に献上しないとしたならば、私は忘恩のそしりを免れないでありましょう。私が扱うこの主題について（自らのたゆまぬ研究に加うるに）権威ある方々の御高説をうけたまわった上で、いまを去ること2年前に、私はこの作品を世に出す決心をいたしました。しかし、これまでそれが果せませんでしたのは、一層の経験を積み、あなた様がお与え下さいました城砦担当の任務にふさわしい者となるべく、陛下の軍隊に従って行かなければならなかったからでございます。こうして再び帰還いたしましたので、あの時企てたことを実行いたす所存でございます。王国の美化のために、まず陛下の臣下の建物に関することから始め、そしてその後で、王の建物について論じ、いくつかの設計図をお示し致します。そこにこめる私の創意が厳粛なる主題に応えうるよう最善を尽くす所存でございます。陛下、何卒、ここに捧げます書物をお納め下さり、私にその企てを最後まで成し遂げる勇気をお与え下さい。そして、私がかようにして思慕と情熱と全身全霊の献身の証しを表さんとする願いに邪心なきことをご理解賜りますよう、謹んでお願い申し上げます。

陛下

陛下のささやかにして従順忠実なる僕
ル・ミュエ

読者諸氏へ

　人間が建築を行なうようになった第一の動機は、嵐に打たれ、太陽の灼熱や激しい寒さあるいは執拗な雪や霰や雨の試練に晒された時に、それが必要だったからである。人間はその誕生の初めの頃から、獰猛な野獣の攻撃から逃れるためにも、物陰に身を隠そうとしてきた。その頃の人間の知性は未だ粗削りの状態にあったので、すばらしい建物を建てるまでには至らなかったに違いない。しかし、その後に続く者達が少しずつ精進を積み（万事が時の経過と共に洗練されてゆくように）、建築術の知識を増やして、その規範を残し、それを後世の人間がさらに豊かなものにして、完成へ導いていったと考えることができる。あらゆる歴史家が記すところによれば、アッシリア人やメディア人は、ペルシャ人と同じように、信じがたいほど大規模な都市の家屋や囲壁をつくり出した偉大な建設者であった。エジプトのピラミッドは、今日なお、かの国の人々がいかに熱心に建設に力を注いだかの証しとなっている。あの名高いソロモンの神殿を見れば、ヘブライ人もまた極めて多くの完璧な建築の知識をもっていたことを疑う者はあるまい。しかし、ここで私があえて言いたいことは、西洋人は東洋人から受け継いだ科学を絶えず発展させ、建築の知識においても上に挙げた諸民族を凌駕したということである。まず、ギリシャ人が建築において優れた才能を発揮し、その後、イタリア人が驚嘆に値する作品をつくり出した。そして、今やフランス人は、それら両民族がなしえたことはすべて行えるだけの力量をもち、さらにいくつかの特異な稀有の建築的創造を成し遂げるまでになった。人間の技は自然と相携えて完全なるものをつくりだしてきたが、その意図は他のいかなる分野におけるよりも我がフランスの建築物において、華々しい成果を挙げえたのである。実際、温和な気候条件に恵まれた自然が、我が王国のほとんどあらゆる場所において、広く地上の様々な地域にあるものを豊富に見出すことを可能にしてくれるように、人間の技は豪華な建物の意匠によって王国の美化に寄与し、人間に筆舌に尽くし難い見る楽しみを与え、生きることの最大の喜びの一つとも言うべき快適な素晴らしい住まいを与えてくれる。しかし、ここでそれらの建物の美しい構成について長々と述べることは無駄であろう。なぜなら、本書の目的は、公共建造物やその他の豪華な建物においてはごく普通に行なわれているように、個人の家屋においても規範や快適性が尊重されるようにするために、想定されたあらゆる大きさの敷地においていかに建築を行なうべきかを広く人々に示すことにあるからである。従って、本書では、建築可能な最小限規模の敷地から、いくつかの同じような大きさの敷地に分割できる程の大規模な敷地に至るまでをとり上げて検討した。今後は、さらに大きな敷地についても検討し、そこで実現されうる快適な建築のあらゆる可能性について明らかにしたい。それに関して、私は建築について造詣が深く、建築のあらゆる規則について語りうる読者に対しても、何らかの手助けをすることできると信じてきた。私はこの思いを捨ててはおらず、近いうちに、完璧な円柱の各種オーダーを用いた王の建物の設計図、およびオーダーに従いつつもより適切な表現を付け加えてつくり出された建造物を公にして、諸氏の興味を満足させることができると考えている。宮殿や教会の建物の美化に資するものがその中に見出されることを願う。私はいわば偉大なる建物の建設に必要な約説書のごときものをつくろうとしているのである。読者諸氏のお役にたつことを願ってこの書を捧げたい。この書が好評をもって受け入れられるならば、私は必ずや、我が仕事と職業を通じて公益のために一層精進いたしましょう。

刊行允可抄本

　国王の恩恵と允可により、本市の版元フランソワ・ラングロワ、通称シャルトルに対し、国王の技師にして一般建築家である「ピエール・ル・ミュエ著、万人のための建築技法」と題する書籍を、随意の形式、判型および字体において、随意の部数だけ製版・印刷することを許可する。本書は、この第2版において、ル・ミュエ氏自身の設計・監理による数件の建物棟および建造物の図を付け加えて改訂・増補されるものとする。允可の期限は、本書の印刷が完了した時から20年とする。その間、他のあらゆる版元、印刷業者、製版業者、版画制作者、ならびに、それ以外のいかなる資格と条件を有する者といえども、このル・ミュエの著書を、部分的にあるいは何らかの図を改変することによって、複製することもしくは複製させること、または、印刷することもしくは印刷させること、あるいはまた、外国人にそうした行為を促すことをしてはならない。これに違反した者には、偽造となる書物を没収した上で、6千リーヴルの罰金、ならびに、あらゆる訴訟費用、損害および利息金の支払いを科す。本抄本には原本と同様の誓約をつけ、ここに記された以上の允可の内容はこれによって通告されたものとみなす。1645年7月7日、パリにて下付さる。ルイの署名、下に国王摂政皇太后、フィリッポによる署名、そして大型王璽黄封蝋印。

　　　　　　　　　　　　　　　　　　1647年1月1日、初回印刷完了

あらゆる建物の建築において守られるべき事柄についての概説

**あらゆる建物の建築において、耐久性、利便性もしくは快適性、
美しい構成、および、住戸の衛生に配慮する必要がある**

　建物の耐久性は良い材料を用いて建てることによって得られるが、材料は場所によって様々に異なるので、その特定の基準を示すことはできない。この問題の解決は建築を行う者の裁量と判断に委ねられ、建築を行なう者が、経験から得られた材料の質に関する知識に照らして答えを見出すことになる。

　壁は、支持する建物の高さと荷重に応じた適当な厚さにしなければならない。しかし、それもある程度材料の質いかんによるので、壁の厚さをどの程度にするかは現場において知ることができる。従って、この事柄についての決定も、最終的には建築を行う者の裁量に委ねることとした。そのため、本書の図面の間口と奥行きはすべて内法によっている。ただし、本書で用いた壁の厚さは、パリおよびその郊外で建てられる建物については、全幅の信頼をもって採用することができる。この地域では（その他の地域でも同様に）、まず、建物の地下部分の壁の厚さを決定し、次に、地上部分の壁は両面を後退させて地下の壁の3分の2の厚さとするのが良い。

　建物の下の部分はその上の部分の荷重に耐えられなければならない。床およびその上のすべての部分は梁によって支えられるので、梁を窓や戸口などの開口部分の上に架けることがないよう、十分に注意を払う必要がある。要するに、開口部分が開口部分の上に、壁体部分が壁体部分の上にくるようにしなければならない。また、問題が生じないよう、梁を煙道の中に通してはならない。梁の長さが梁成に対して大きすぎてもいけない。梁の強度は梁の長さと成および木材の質によって決まる。

　根太は、その成に見合った適度な長さとしなければならない。根太が長くなる程、その中心部分の強度が小さくなるからである。それ故に、梁（根太の長さは梁によって決まる）の間隔は9ピエから12ピエまでとし、止むを得ない場合でも13ピエまでとするのが妥当である。梁の両端は、壁の中に15プスから18プス、可能ならそれ以上埋設する必要がある。そして、床に必要な強度を与えるために、根太はその幅と同じ間隔で配置する。そのような配置にすれば、装飾的な効果も得られる。

利便性もしくは快適性に関して守るべきこと

　居室は必要に応じて隣り合わせに配置し、その間に出入りの空間できるだけとる。

　広間および寝室のような主要な居室には、できれば衣裳部屋や小部屋を添える方が良い。

　同じ階にある居室は、できる限り段差が生じないように配置する。

　各居室の大きさは、用途に見合った大きさとするが、敷地の制約が無ければ、以下の寸法を守るのが賢明であ

ろう。

　広間の間口は 22 ピエから 24 ピエとし、それに対する奥行きは 34 ピエから 36 ピエとする。しかし、大きな建物では、奥行きを間口の 2 倍にするのが良い。地下に配膳室を設ける場合には、根太架けならば根太下を 8 ピエ、9 ピエまたは 10 ピエとし、ヴォールト架構ならば要石下の高さを 9 ピエから 10 ピエとする。

　上記の間口と奥行きをもつ一階広間の高さは、13 ピエから 14 ピエとする。但し、広間の間口と奥行きをもっと大きくする場合は、高さも同じ割合で大きくする。

　二階の高さは、根太下 12 ピエから 13 ピエとするのが良い。

　三階の高さは、根太下 11 ピエから 12 ピエとする。

　三階もしくは四階を屋根裏の寝室とする場合には、その高さは 8 ピエから 9 ピエとすれば十分である。

　寝室は 22 ピエまたは 24 ピエとし、正方形をもって最良とする。

　寝室の建築に際しては、通常 6 ピエ四方ある寝台の置き場所を考えて、寝台と壁の間を 4 ピエから 6 ピエあけ、暖炉の配置にも気を配る必要がある。暖炉は、寝台の置き場所を確保するため、壁の真中に設置しないで、真中から 2 ピエ程度ずらして設置するべきである。そのようにすれば、見た目にも非対称的であるという印象はほとんどない。

　衣裳部屋の間口は、少なくとも 9 ピエから 10 ピエとし、さらに余裕があるならば 15 ピエから 16 ピエとする。

　住棟内の戸口の幅は 2 ピエ半もしくは最大 3 ピエとし、大きな建物においては 4 ピエとする。

　戸口の高さは 6 ピエ半から 7 ピエである。

　馬車門の幅は、やむを得ない事情がある場合は最低 7 ピエ半としてもよいが、何も制約が無い場合は 8 ピエから 9 ピエとする。門の高さは幅の 1 倍半とするが、高さを思い通りに決める余地があるならば幅の 2 倍とするのが良い。

　階段の幅は 11 ピエから 12 ピエとするが、止むを得ない場合は 9 ピエまで切り詰められる。

　階段の蹴上げは 5 プス半から 6 プスとする。

　段の踏み面は、2 プス前後の段鼻の出を除いて、1 ピエとする。

　螺旋階段をつくる場合には、半周で 10 段以上すなわち 4 分の 1 周で 5 段以上にしてはならない。しかし、階段の幅が 18 ピエ前後ある場合は、半周で 12 段まで増やすことも可能である。

　窓の開口は、左右の抱きまたは支柱の間隔を 4 ピエから 4 ピエ半とする。

　窓はできる限り天井または根太の近くまで立ち上げ、窓から天井または根太までの距離は 6 プス、8 プス、10 プスもしくは最大 12 プスとする。そのようにすれば広間や寝室はより明るくなるが、さもなければ逆に暗く陰鬱になってしまうだろう。

　建築の外観のオーダーを維持するために窓の立ち上がりを上に述べた値よりも小さくせざるを得ない場合は、窓の内側の上部を天井に向けて引き込みヴォールト状にすべきであろう。そうすれば天井がより明るくなる。

　窓台は 2 ピエ 8 プスから最大 3 ピエまでとする。

　窓の中方立や横桟の厚さは 4 プスから 5 プスとする。

　窓のしゃくりは、その背後の部分の耐力をできるだけ維持し、窓を閉じる指物鎧戸を支える枠材に適度な強さをもたせるために、1 プス半から最大 2 プスまでとする。

　窓の支柱は十分な隅切りをし、少なくとも 2 プスのしゃくりを施して、指物鎧戸が壁に密着して収まるようにする。また、第一鎧戸は支柱隅切りより先の部分が折れ曲がるようにする必要がある。そのようにすれば、鎧戸はあまり邪魔にならず、採光も増す。これは建物の利便性や快適性のみならず耐久性にも関わる事柄である。

　広間の暖炉は左右の抱きの間の内法を 6 ピエから 7 ピエとする。煙道は、壁が自分の専有である場合は、壁に埋め込むのが良い。壁が専有でない場合は、壁の真中から少しずらして配置した寝室の暖炉に対応する位置で壁付けとする。できれば、暖炉は広間に入る人が正面にそれを見るようにするべきである。

暖炉の高さは、マントルピースのまぐさの下面まで、4ピエから5ピエとする。壁からのマントルピースの出は2ピエ半から3ピエとする。

　暖炉の抱き部分の幅は、建築の表現を豊かにするためのオーダーに応じて、7プスから最大9プスまでとする。

　寝室の暖炉は幅5ピエまたは5ピエ半とし、寝台を置く都合から上に述べたような位置に設置する。

　その暖炉の高さは、マントルピースもしくはまぐさの下面まで4ピエまたは4ピエ半である。

　暖炉の炉背からの支柱または抱きの出は、2ピエから2ピエ半である。

　衣裳部屋の暖炉は幅4ピエまたは4ピエ半とする。

　その高さは、マントルピース下面まで4ピエから5ピエである。

　その出は2ピエ3プスである。

　暖炉の排煙口の断面寸法は、一般的には11プスから12プスであり、大きな台所の暖炉の場合は大量の火を使うため15プスとする。その断面はできる限り均等にして、排煙に支障が生じないようにする。

　暖炉の長さは4ピエから6ピエである。暖炉の内法は下部では6ピエあっても、マントルピース内では排煙装置の傾斜のために逓減する。煙道は垂直に引く。

　暖炉内の傾斜すなわち排煙装置は、マントルピースから天井にかけてつける。

建築の美しい構成は幅または高さ方向における対称性にほかならない

　幅方向においては、中心から等しい距離にある部分を互いに等しくすることによって美しい構成が生まれる。

　また、それらの部分は、全体との関係と同時に相互の関係においても釣り合いがとれていなければならない。

　高さにおいては、幅方向において対称な部分が同じ高さにあることが必要である。さもなければ、幅方向において対称な部分が高さにおいては全く対称ではないことになる。例えば、半窓を建物の中心から等しい距離に配置したとしても、その半窓のペディメントは窓全体のペディメントの高さにまで達しないであろう。その場合、幅方向において対称であっても高さにおいては対称でないことになる。そのような建て方は避けるべきである。

住戸の衛生について

　一階の広間を敷地面よりも2ピエ、あるいは建築が行なわれる場所の湿度に応じてそれ以上高くすることによって、住戸の衛生を確保することができる。そのようにすれば、住戸の衛生が確保されるのみでなく、建物をより格調高く明るくして、美しい構成を生み出すこともできる。配膳室を地下に設ける場合は、半分を地下に埋め半分を地上に出すことが望ましい。

　以上が、一般的な規範として対応する必要があると考えられる事柄である。しかし、後に示す建物の設計図の初めのいくつかにおいてそれらの規範が完全に守られていないのは、敷地間口が狭小であるために適切な基準からはずれざるをえないためであり、特に疑問とする必要はない。個別の配慮は、各類型敷地に関する図面と論述において示されている。それについて予めここではっきりと言えることは、外観の美しさや光の強さ、隣地の壁の質、あるいはその他の何らかの重要な考慮すべき条件に照らして適当と判断される場合は、右側に配置されている要素をその大きさを変えずにそのまま左側に配置してもよいということである。

組積構造物および掘削空間の測定についての端書

　あらゆる物の計測に用いられる単位は、線的、面的または立体的のいずれかである。[1]

　線単位は一次元の単位である。この単位においては、広間や寝室の長さ、幅または高さのいずれか一つだけに言及する場合のように、幅と高さを捨象した長さだけが考慮される。例えば、ある村から別の村まで2リウある

と言えば、その時は長さだけが考えられているのである。

　線単位の中で最も一般的なのが線トワズである。1線トワズは6王定ピエであり、このピエもまた線単位である。トワズとピエの長さはパリのシャトレ裁判所において表示されている。この頁の余白に1ピエの実際の長さを示してあるので、本書の図面のピエで表示された寸法が実際にどの程度の大きさかを知るために、あるいは、その他の単位の寸法を適宜そこから割り出すためにこれを利用して戴きたい。(2)

　1ピエは12プス、1プスは12リーニュであり、リーニュは建築で用いられる最小の単位である。

　面単位は、長さと幅の2つの次元をもつ単位である。例えば、寝室が16平方トワズあると言えば、長さと幅がそれぞれ4線トワズあることを意味する。すなわち、長さと幅を互いに掛け合わせることによって面積が得られる。1線トワズは6ピエなので、1面トワズは6ピエ掛ける6ピエで36面ピエとなる。同様に、1アルパンの土地は10ペルシュ掛ける10ペルシュで100面ペルシュになる。

　立体単位は、長さ、幅、および厚さまたは深さの3つの次元をもつ。例えば、地面を掘ってつくられた空間が64トワズあって、長さと幅と深さが同じであると言えば、長さ4トワズ、幅4トワズ、深さ4トワズである。4掛ける4は16、そして16掛ける4は64となるからである。そのように、ある構造物が何立体トワズあるか知るためには、長さに幅を掛け、さらにその結果に厚さまたは深さを掛ければよい。この定義により、1立体トワズもしくは立方トワズは、6線ピエ掛ける6［掛ける6］で、216立体ピエもしくは立方ピエになる。(3)

訳注：
(1) 「線的」、「面的」および「立体的」は、それぞれ linéaire、superficiel および solide または massif の訳である。原書ではさらに quarré および cube も用いられているので、これらの言葉は現代の表現に倣って「平方」および「立方」と訳した。
(2) この頁の右余白の1王定ピエとそれを12プスに分割した目盛りは、判型の都合上、実寸の80％に縮小して表示してある。ちなみに、1王定ピエは約0.324メートルである。
(3) 角括弧内の記述は原文にはないが、正しくは訳文の通り「6線ピエ掛ける6掛ける6」とすべきであろう。

第1類型敷地、間口12ピエ、奥行き21ピエ半から25ピエ未満まで、における配置

　間口12ピエ、奥行き21ピエ半のこの第1類型敷地においては、間口は9ピエの広間と3ピエの通路に分割され、奥行きは14ピエの広間と中庭に分割される。中庭の間口幅は5ピエ半とし、その脇に中庭と同じ奥行きの6ピエ四方の階段を設ける。階段の登りの下に厠をつくる。広間に接する中庭の隅に井戸をつくる。地下室へは通路に設けられた揚蓋を開いて降りる。この地下室への連絡方法は、以下、第6類型敷地の第6配置［原文のまま］(4)まで同じである。

　二階は、一階の広間と通路の上を間口12ピエの寝室とする。寝室の奥行きは一階広間の奥行きと同じ14ピエであり、それより奥の平面構成は一階と同じである。

　建物の間口が変わらず、奥行きが21ピエ半から25ピエまでの間で増大する場合は、間口方向の間取り寸法はそのままとし、奥行きの増大分を、建築主の希望に応じて、中庭と広間に割りあてる。

　図面を読むのにあまり慣れていない人の理解を助けるために、図面に寸法を書き込んであるが、各建物の構成についての論述の中でも寸法を明記するほうが良いと思われるので、そのようにしてある。

　高さは、一階が広間床面から根太下まで9ピエである。［二階の］床の厚さは根太を含めて8プスあり、この程度の小さな間口幅に対しては十分過ぎる程である。合わせて9ピエ8プスの高さの一階には18段の階段を設けるので、各段の蹴上げは6プス5リーニュ2/3(5)となる。階段のこの割り付けは、一階と同様、根太下の高さが9ピエの二階においても同じである。三階の高さは根太下8ピエで、根太を含む床の厚さが8プスである。8ピエ8プスの高さの三階には16段の階段を設けるので、蹴上げは6プス半となる。この値はほかの階の階段の蹴上げよりも2/3プス大きいが、その違いは感知できない程である。

　三階の上は屋根裏倉庫である。

　中庭の階段の空き高はその下に設ける厠に必要な高さを確保するには十分ではないので、厠を中庭面より2段下げる。厠へ下りる段は中庭と厠の中にそれぞれ一段ずつ設け、段の蹴上げは9プスとする。

訳注：
(4) 原文では「第6配置」(sixième distribution) となっているが、第6類型敷地は第2配置までしかないので、これは「第2配置」(deuxième distribution) の誤りであろう。
(5) 原文では蹴上げ6プス5リーニュ2/3となっているが、9ピエ8プスを18段で割ると6プス5リーニュ1/3となる。

図中語句：

　　Caue　地下室　　Chambre　寝室　　Cour　中庭　　Escallier　階段　　Largeur　間口　　Lict　寝台　　Paßage　通路
　　Plan du premier Estage　一階平面　　Plan du second Estage　二階平面　　Priué　厠　　Profondeur　奥行き　　Prophil　断面
　　Puis　井戸　　Rez de chauſſee de la Rue　街路面　　Salle　広間　　Thoizes　トワズ

万人のための建築技法

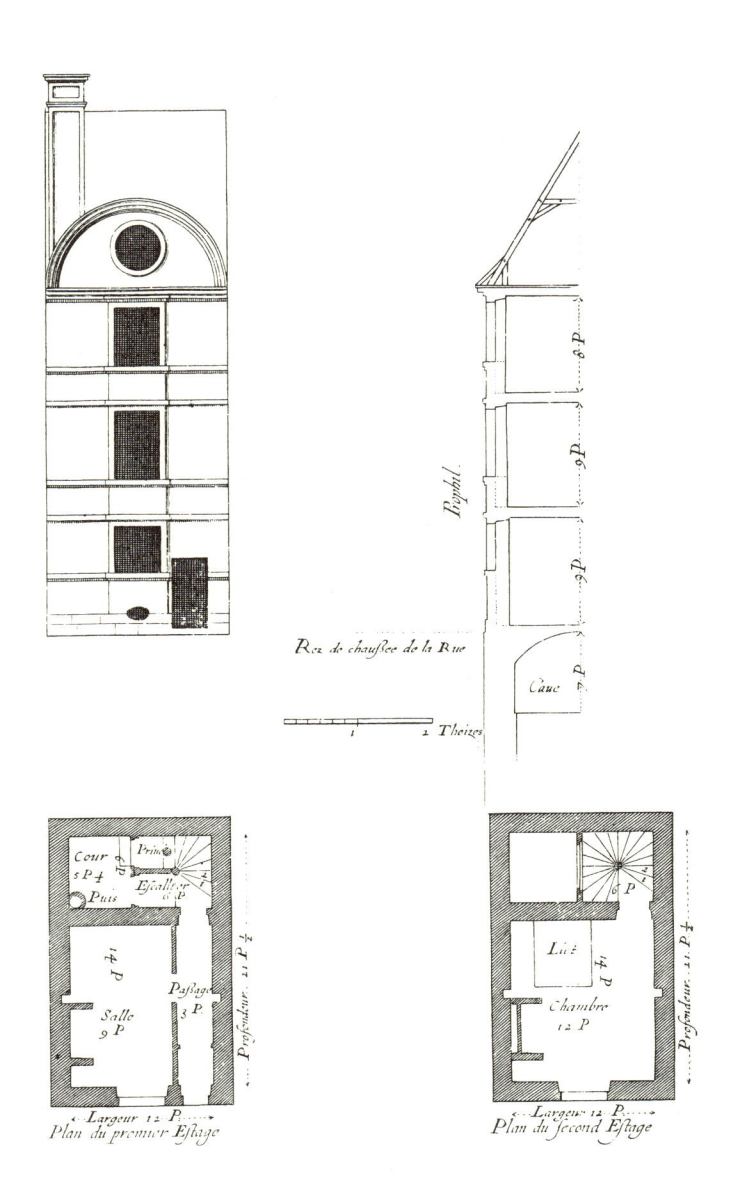

11

第2類型敷地、間口12ピエ、奥行き25ピエ、における配置
間口15ピエ、奥行き35ピエ半まで適用可能

　この類型敷地は間口の大きさが第1類型敷地とまったく同じなので、各部分においても違いはない。従って、広間は間口が9ピエ、通路は3ピエであり、二階以上では寝室が12ピエの敷地間口幅全体を占める。しかし、奥行き方向の配置については2通りの方法がある。一つの方法は、第1類型敷地と同じように小部屋を設けず、奥行きの増大分を広間または中庭のいずれかに充てるか、または、広間と中庭の両方に配分する。もう一つの方法は、広間の奥に小部屋を設ける。小部屋は、間口を広間と同じ9ピエとし、奥行きを3ピエ半とする。奥行き3ピエ半は一般的に小部屋としては最小限の大きさであるが、この奥行きの敷地に限って言えば、それは小部屋のためにとり得る最大限の値である。小部屋の奥行きをもっと大きくすれば、寝台の置き場所が足りなくなる。そこで、小部屋の奥行きを3ピエ半として、広間と寝室に14ピエの奥行きを確保する。

　なお、敷地間口が12ピエから19ピエまでの間であれば、小部屋の位置を左右反対側に移すことはできないが、間口が20ピエ以上になると、後に述べるようにそれが可能となる。

　敷地間口が12ピエを超え、15ピエ未満の場合は、間口が増えた分だけ広間および寝室の間口を増やし、通路の幅は常に3ピエとする。

　奥行きに関しては、21ピエから35ピエ半までの幅があるが、奥行きが増えた分は、建築主の判断によって、広間、小部屋および中庭に配分する。

　階高は、前の類型敷地における設計と同じく、一階および二階が根太下9ピエ、三階が根太下8ピエである。従って、階段の蹴上げも同じである。

　厠の上の階段の空き高に関しても、前の類型敷地における設計と同様の配慮をする必要がある。

図中語句：

Cabinet 小部屋　　Caue 地下室　　Chambre 寝室　　Cour 中庭　　Escallier 階段　　Largeur 間口　　Lict 寝台
Plan du premier Estage 一階平面　　Plan du second Estage 二階平面　　Priué 厠　　Profondeur 奥行き　　Puis 井戸
Rez de la chauβee de la rue 街路面　　Thoizes トワズ

万人のための建築技法

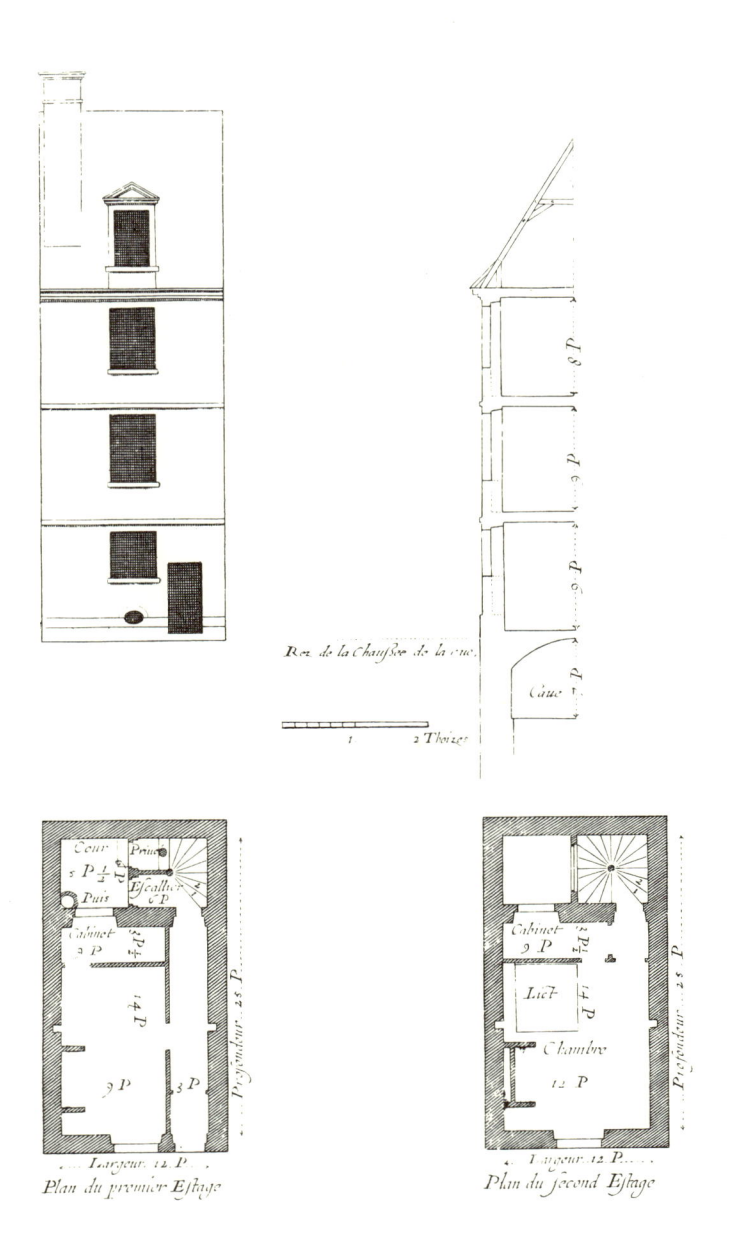

Rez de Chaussée de la rue.

Cave

1　　2 Thoizes

Cour
5 P ½
Puits

Privez
Escalier
4 P ½

Cabinet
4 P ½

14 P

9 P   5 P

Largeur 12 P
Plan du premier Estage

Profondeur 25 P

Cabinet
9 P

14 P

Lict
Chambre
12 P

Largeur 12 P
Plan du second Estage

Profondeur 25 P

13

第3類型敷地、間口15ピエから18ピエ半まで、奥行き35ピエ半から48ピエ半まで、における第1配置

　この類型敷地においては3通りの配置が可能である。それぞれについて設計を行なってみた。第1の配置は、間口は前の2つの類型敷地と同じように12ピエの広間と3ピエの通路に分割するが、奥行き方向は小部屋に替えて一階では台所を、上の階では衣裳部屋を設ける。階段の位置と間口幅は前の類型敷地と同じであるが、形は異なる。階段の奥行きが中庭の奥行きと同じ10ピエに増えているからである。そして、入ってくる人の正面に階段が見える格好になる。これは前の敷地の設計では叶わなかったことである。敷地の奥行きが前の事例よりも大きくなっているので、台所、広間および中庭の奥行きを、それぞれ9ピエ、15ピエおよび10ピエとする。広間と台所の位置は、それぞれの奥行きを変えずに仕切り壁を動かすだけで、容易に変更することができる。室の位置の入れ替えは、希望により上の階についても可能である。また、下の階では室の位置を変更して、上の階では変更しないということも可能である。

　この建物の正面は敢えて斜めに描かれており、それは都市の敷地をめぐる条件によって実際にしばしば起こり得る事態である。そのようにして建物に斜めの壁面が生じた場合に、相変わらず住戸の形を直角に保つ必要はないことをここで示しておきたかったのである。

　一階と二階の高さは、根太下が10ピエ、床の厚さを含めて10ピエ8プスである。この階高においては、2通りの階段のつくり方が可能である。一つの方法は、階段を19段で上りきるようにする。従って、各段の蹴上げは6プス9リーニュとなる。もう一つの方法は、階段の回り部分を10段とする代わりに8段として回り易くし、階段を二階寝室の前まで延ばす。その結果、階段は4段増えて21段となる[(6)]。階高10ピエ8プスにこれを割り付けると、各段の蹴上げは6プス1リーニュとなる。

　三階の高さは、根太下が9ピエ、床の厚さを含めると9ピエ8プスである。この階高に19段の階段を割り付けると、各段の蹴上げは6プス1リーニュになる。

　その上は屋根裏の倉庫または寝室であり、根太下の高さは7ピエから8ピエである。

　階段の下に設ける厠の上方の空き高が足りなくなる問題は、前に述べた方法によって解決することができる。

訳注：
(6) この階段は21段であるから、前出の19段の階段に対して2段増えることになる。原文で4段増えるとされているのは、回り部分が2段減って全体が19段から21段になるので、直線部分が4段増えるという意味であろうか。

図中語句：
　Caue 地下室　　Chambre 寝室　　Cour 中庭　　Cuisine 台所　　Escallier 階段　　Garderobe 衣裳部屋
　Largeur 間口　　Lict 寝台　　Paßage 通路　　Plan du premier Estage 一階平面　　Plan du second Estage 二階平面
　Priué 厠　　Profondeur 奥行き　　Puis 井戸　　Rez de la chauβee de la rue 街路面　　Salle 広間　　Thoises トワズ

万人のための建築技法

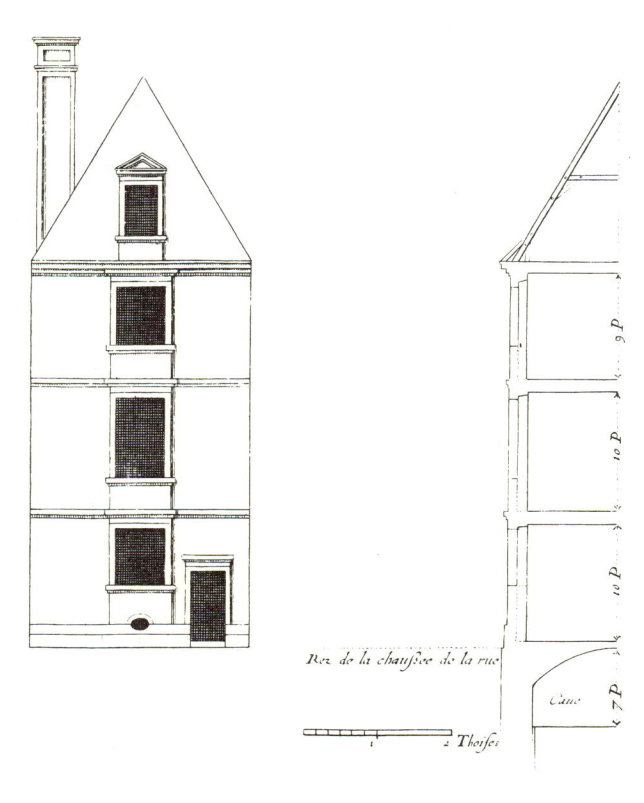

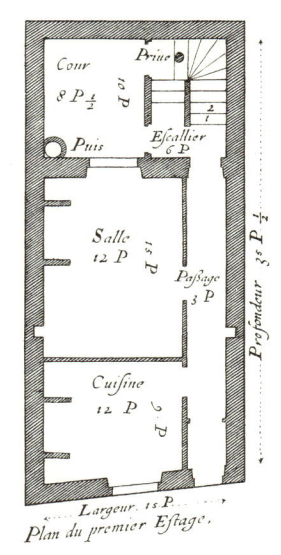

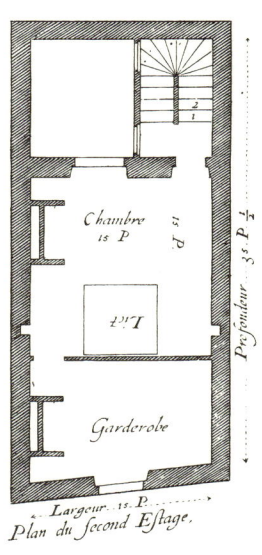

第3類型敷地における第2配置

　この敷地における第2の配置は、間口方向は第1の配置と同じであり、12ピエの広間と3ピエの通路に分割される。第1の配置と異なる点は、階段と台所の位置が変化し、中庭の規模が拡大し、そして、上の階における寝室と衣裳部屋の位置が変化していることである。広間は奥行き15ピエ、台所は奥行き9ピエに対して間口8ピエ半である。台所脇の残りの間口幅は6ピエ四方の階段に充てる。中庭は奥行き10ピエ、間口15ピエである。上の階の配置は、通路が無いということ以外は、一階の配置に準じている。寝室は15ピエ四方である。それらすべての寸法は、既に述べた通り内法である。

　一階と二階の高さは、根太下10ピエ、床の厚さを含めて10ピエ8プスである。この階高に19段の階段を割り付けるので、蹴上げは6プス9リーニュになる。
　三階の高さは、床の厚さを含めて9ピエ8プスである。従って、前の配置と同じく、階段の蹴上げは6プス1リーニュになる。
　その上は屋根裏の倉庫または寝室であり、根太下の高さは7ピエから8ピエである。

　　図中語句：

　　　　Caue　地下室　　　Chambre　寝室　　　Cour　中庭　　　Cuisine　台所　　　Echelle de deux Thoizes　2トワズの目盛り
　　　　Escallier　階段　　　Garderobe　衣裳部屋　　　Largeur　間口　　　Lict　寝台　　　Passage　通路　　　Plan du premier Estage　一階平面
　　　　Plan du Second Estage　二階平面　　　Priué　厠　　　Profondeur　奥行き　　　Puis　井戸　　　Rez de la chauβee de la rue　街路面
　　　　Salle　広間

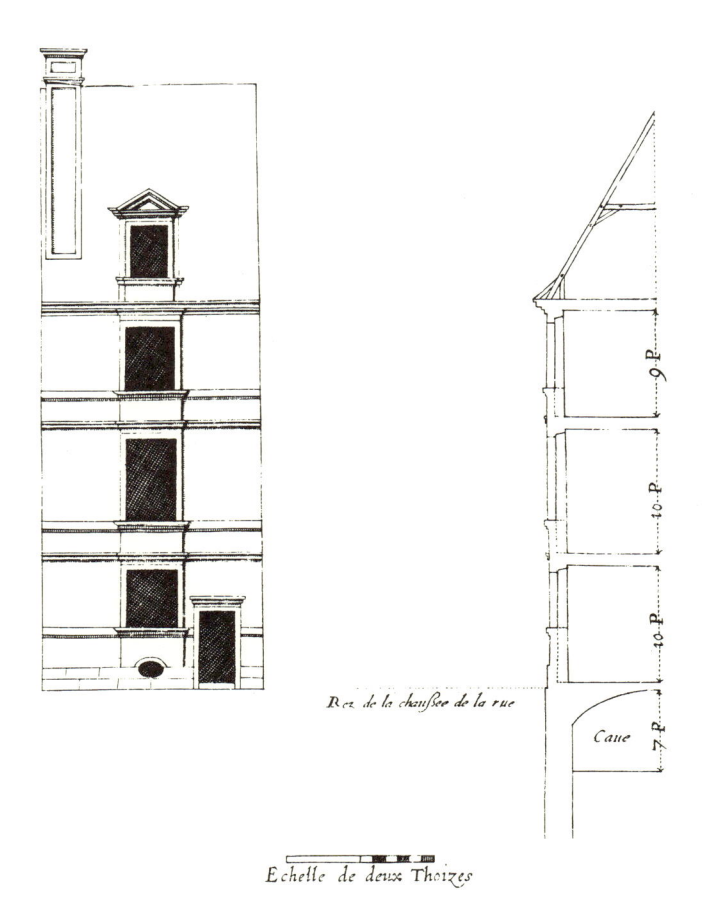

万人のための建築技法

Rez de chaussée de la rue

Caue

9 P.
10 P.
10 P.
7 P.

Echelle de deux Thoizes

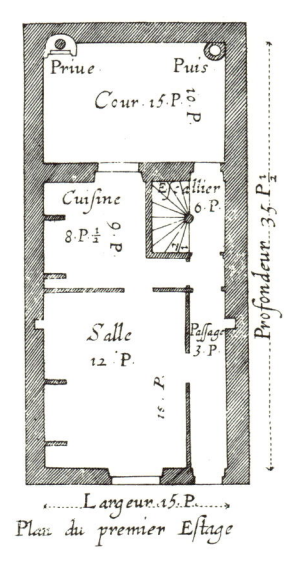

Priue Puis
Cour 15 P. 10 P.
Cuisine Escalier
8 P. ½ 6 P.
Salle Passage
12 P. 3 P.
15 P.
Profondeur 35 ½
Largeur 15 P.
Plan du premier Estage

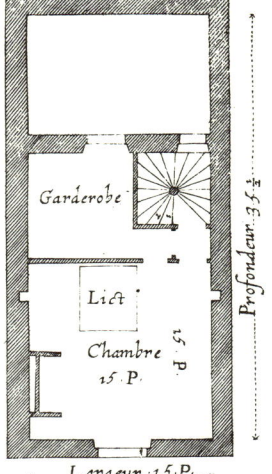

Garderobe
Lict
Chambre 15 P.
15 P.
Profondeur 35 ½
Largeur 15 P.
Plan du Second Estage

第3類型敷地における第3配置

　第3の配置は、前の配置と同じく、間口を12ピエの広間と3ピエの通路に分割する。しかし、階段、台所および広間の位置は、前の配置と変えなければならない。

　階段は敷地前面に置かれており、6ピエ四方である。階段支柱のところに第2の小さな入り口が設けられている。第1の入り口が開かれている時はそれを閉じておく。階段の脇には、奥行き9ピエ半、間口8ピエ半の台所がある。広間は奥行き15ピエである。広間の奥の一方の隅には小さな温室がつくられており、その後ろに厠がある。中庭は奥行き9ピエ半、間口10ピエ半である。

　上の階の衣裳部屋は一階の台所と同じ大きさである。15ピエ四方の寝室の隅には、中庭の奥まで突き出した小部屋が続いている。

　間口が15ピエから18ピエ半までの間であれば、上に述べた配置を維持し、通路を3ピエ、階段を6ピエとして、間口が増えた分だけその他の要素の間口を拡げる。しかし、35ピエ半から45ピエ半まで変化する奥行きに関しては、その増大分は、建築主の判断と意思によって、広間、台所および中庭に配分する。3通りの配置のいずれを採用するかも建築主の選択に委ねられる。

　一階と二階は、根太下の高さが10ピエ、階段の段数が19段である。従って、蹴上げは前の設計の場合と同じく、6プス9リーニュである。

　三階の高さは床の厚さを含めて9ピエ8プス、階段の段数はやはり19段であり、蹴上げは6プス1リーニュになる。

　その上の屋根裏の倉庫または寝室は、根太下の高さが7ピエから8ピエである。

訳注：
(7) 第3類型敷地の奥行きは前出のごとく35ピエ半から48ピエ半まで変化することになっているので、それに合わせればこの部分の45ピエ半は48ピエ半とするのが妥当であろう。

図中語句：

　　Cabinet 小部屋　　Caue 地下室　　Chambre 寝室　　Court 中庭　　Cuisine 台所　　Escallier 階段
　　Garderobe 衣裳部屋　　La Face du deuant 正面　　Largeur 間口　　Paßage 通路　　Plan du Premier Estage 一階平面
　　Plan du Second Estage 二階平面　　Priué 厠　　Profondeur 奥行き　　Puis 井戸　　Rez de chauβee de la Rue 街路面
　　Salle 広間　　Serre nappe 温室　　Thoizes トワズ

万人のための建築技法

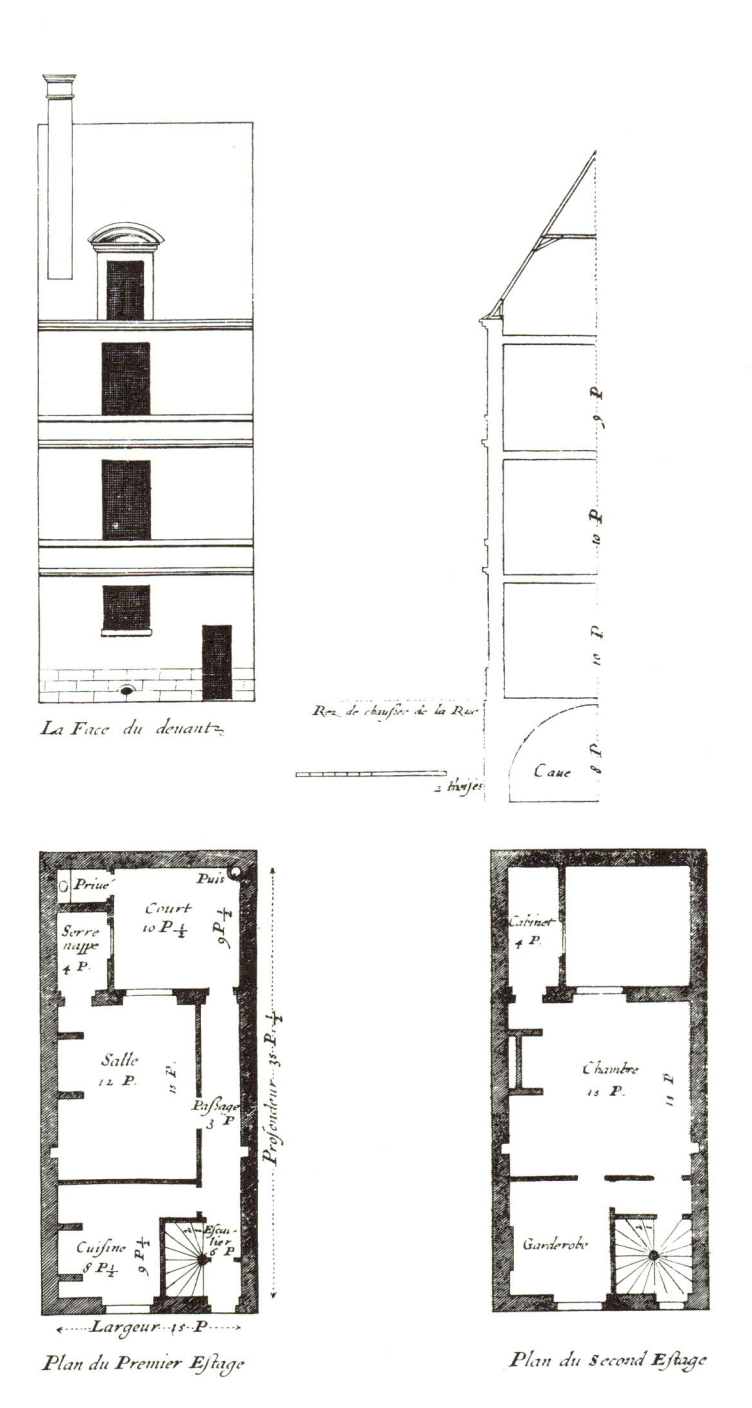

La Face du deuant.

Rez de chaussée de la Rue

Caue

Plan du Premier Estage

Plan du Second Estage

第4類型敷地、間口18ピエ半から20ピエまで、奥行き50ピエから61ピエ半まで、における配置

　この配置においては、間口方向の配置を変えずに、通路幅を常に3ピエとして、残りの間口幅を広間およびその他の居室に充てる。これまで見てきた配置と異なり、中庭の奥にもう一つ住棟がある。この住棟の一階は厩舎であるが、建築主が望むならばそこを寝室としてもよい。広間は間口15ピエ、奥行き17ピエ、台所は間口11ピエ半、奥行き9ピエである。台所の脇に6ピエ四方の階段を設ける。中庭は間口18ピエ半、奥行き11ピエである。中庭の奥には、敷地間口18ピエ半いっぱいに奥行き10ピエ半の小さな第2の住棟をつくる。住棟間口の左右いずれかの端に厠を設け、その後ろは馬丁用の寝台を置く場所とする。上の階の配置は一階の配置に準じるが、そのほかに2つの住棟を結ぶ幅3ピエの歩廊をつける。従って、上階の寝室は間口18ピエ半、奥行き17ピエ、衣裳部屋は間口11ピエ半、奥行き9ピエとなる。

　この配置では2つの住棟間の移動が容易になるように階段の位置を決めているが、階段の位置によって住棟間の容易な移動が妨げられるという問題がないならば、この配置の代わりに前に見た第3番目や第5番目の図面に示したような別の配置をとることも可能である。

　間口が18ピエ半から20ピエまでの間であれば、通路を3ピエ、階段を6ピエ四方としたまま、間口の拡大に応じてその他の要素を拡大して、この配置を維持することができる。しかし、50ピエから61ピエ半まで変化する奥行きに関しては、奥行きが増大した分は、建築主の判断と意思によって、広間、台所、中庭および奥住棟に配分する。

　敷地手前の主たる住棟の一階と二階の高さは、根太下10ピエ、根太と床の厚さを含めて10ピエ8プスである。この階高に19段の階段を割り付けるので、各段の蹴上げは6プス9リーニュとなる。

　三階の高さは、根太と床の厚さを含めて9ピエ8プスである。この階高にやはり19段の階段を割り付けるので、各段の蹴上げは6プス1リーニュとなる。

　その上は屋根裏の倉庫または寝室であり、根太下の高さは7ピエから8ピエである。

　敷地奥住棟は、一階の根太下の高さが8ピエ4プス、根太と床の厚さを含めた高さが9ピエである。各段の蹴上げは6プス9リーニュとし、16段で上りきる。16段のうち12段は階段本体の中に設け、残りの4段は壁の厚さの中および歩廊の中に奥行き方向に設ける。

　二階の高さは、根太下9ピエ、根太と床の厚さを含めて9ピエ8プスである。その上は屋根裏の倉庫となる。

図中語句：

Chambre 寝室　　Cour 中庭　　Cuisine 台所　　Ecurie 厩舎　　Escallier 階段　　Gallerie 歩廊　　Garderobe 衣裳部屋　　La Face du Logis de deuant 手前住棟正面　　La Face du petit corps de Logis de derriere 奥小住棟正面　　Largeur 間口　　Lict 寝台　　Passage 通路　　Piedz ピエ　　Plan du premier Estage 一階平面　　Plan du second Estage 二階平面　　Profondeur 奥行き　　Puis 井戸　　Salle 広間　　Thoises トワズ

La face du Logis de deuant.

La face du petit corps de Logis de derriere.

Plan du premier Estage.

Plan du second Estage.

1 2 3 4 Thoises.

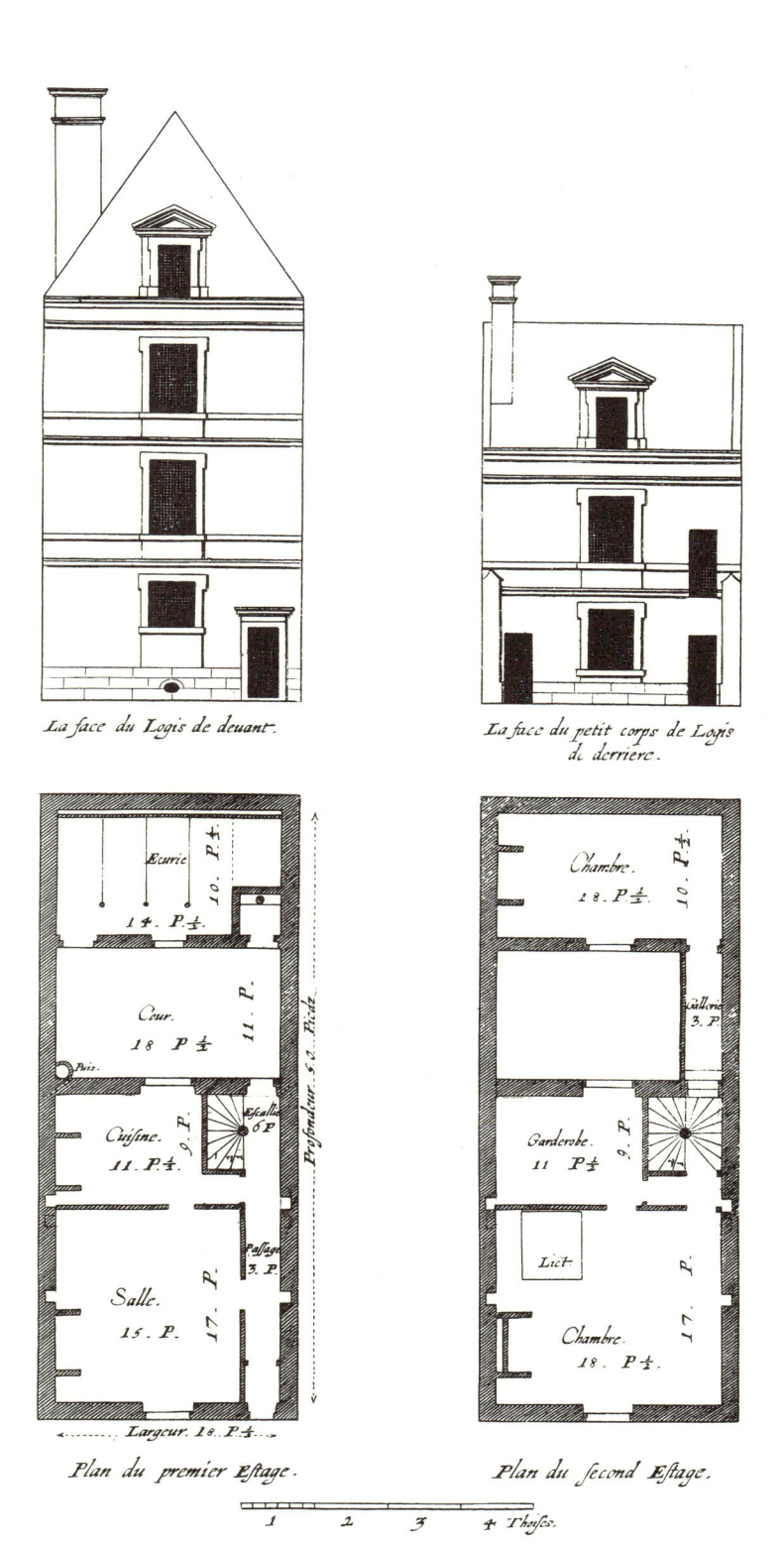

第5類型敷地、間口20ピエから30ピエまで、奥行き同じく61ピエ半、における配置

　　この類型敷地の大きさは、これまでに見た類型敷地にない利点を生み出す。従って、その配置は他の配置と大きく異なり、中庭が1つから2つに増え、階段は踊り場が2つになり、これまでの建物では隅に追いやるしかなかった通路を中央に置くかまたは隅に置くかの選択の余地が生まれる。図面では建物の間口の中央に幅4ピエの通路を置き、その一方の脇には台所と階段、もう一方の脇には食糧貯蔵室を配置してある。

　　台所と食糧貯蔵室は共に間口8ピエ、奥行き10ピエである。中庭は奥行き19ピエに対して間口13ピエであり、敷地間口幅の残り7ピエは壁厚を含めた階段の間口幅となる。間口20ピエ、奥行き18ピエの広間へは中庭から2段上って入る。残りの奥行き10ピエは、敷地奥の小さな中庭と広間の隅につながる小部屋に充てる。小部屋は間口が6ピエで、奥行きは小さな中庭と同じである。

　　敷地手前住棟の上の階は、一方の側に寝室と階段があり、他方の側に衣裳部屋がある。寝室は間口13ピエ、奥行き10ピエ、衣裳部屋は間口7ピエ、奥行きが同じく10ピエである。寝室の隅と階段との間に厠がある。

　　敷地奥住棟は、寝室が間口13ピエに対して奥行き18ピエ、衣裳部屋が間口7ピエに対して奥行き15ピエである。小部屋は一階の小部屋と同じである。

　　この配置は各部分の寸法を全く変えずに変更することができる。まず、通路の位置を変えず中央に置いたまま、二通りの配置の変更が可能である。すなわち、台所と衣裳部屋を入れ替えて階段はそのまま動かさない配置と、台所と衣裳部屋の入れ替えに加えて階段も動かした配置がある。後者の配置は、台所と階段と広間の入り口が同じ側にあってサービスが建物の中で行なえるので、より合理的であると思われる。次に、通路を中央から端に移した配置も可能である。その場合、台所と衣裳部屋は隣り合わせにして、あまり大きな間口を必要としない衣裳部屋の間口を抑え、台所の間口を10ピエから12ピエにまで拡げることができる。通路と台所のいずれを階段と同じ側に置くかについては、どちらでもより適切と思う方を選択すれば良い。

　　この配置はさらに、前に見た第3、第4、第5および第6番目の図面の配置方法に従いながら、敷地の間口と奥行きが増えた分を適当に各居室に振り分けて、4通りに変化させることができる。

　　間口が20ピエから30ピエまでの間であれば配置は変らず、階段の間口を7ピエまたは8ピエとして、残りの間口を広間とその他の要素に配分することができる。間口が24ピエを超えた場合は、梁の掛け方を間口方向から奥行き方向に変える必要がある。奥行き方向については、上に述べたこと以外に特に変化はない。

　　間口の大きさが上に示した範囲内にあり、奥行きが58ピエを超えなければ、中庭を2つ設ける必要はなく、次に見る類型敷地の2つの配置のいずれかと同じようにすればよい。

　　敷地手前住棟の一階と二階の高さは、それぞれ根太下9ピエ、根太と床の厚さを含めて9ピエ8プスである。この階高を21段の階段で上りきるので、各段の蹴上げは5プス6リーニュ1/3となる。

　　敷地奥の主たる住棟の広間へは、中庭面から2段上がって入る。広間の高さは、床面から根太下まで11ピエ、根太と[二階]床の厚さを含めて11ピエ8プスである。階段は、蹴上げが5プス6リーニュ1/3なので、26段とする必要がある。その26段のうち19段は階段の中に設け、残りの7段は中庭に面した登りの中に設ける。

　　主たる住棟の二階は根太下の高さが10ピエで、根太と床の厚さが8プスある。従って、蹴上げ5プス半の23段で上ることになる。

　　三階の高さは根太と床の厚さを含めて9ピエ8プスであり、蹴上げ5プス半の21段で上る。

　　その上は屋根裏の倉庫または寝室であり、根太下の高さは7ピエから8ピエである。

万人のための建築技法

Face du Logis de deuant.

Face du pñal corps de Logis du costé de la Cour.

Plan du premier estage.

Plan du second estage.

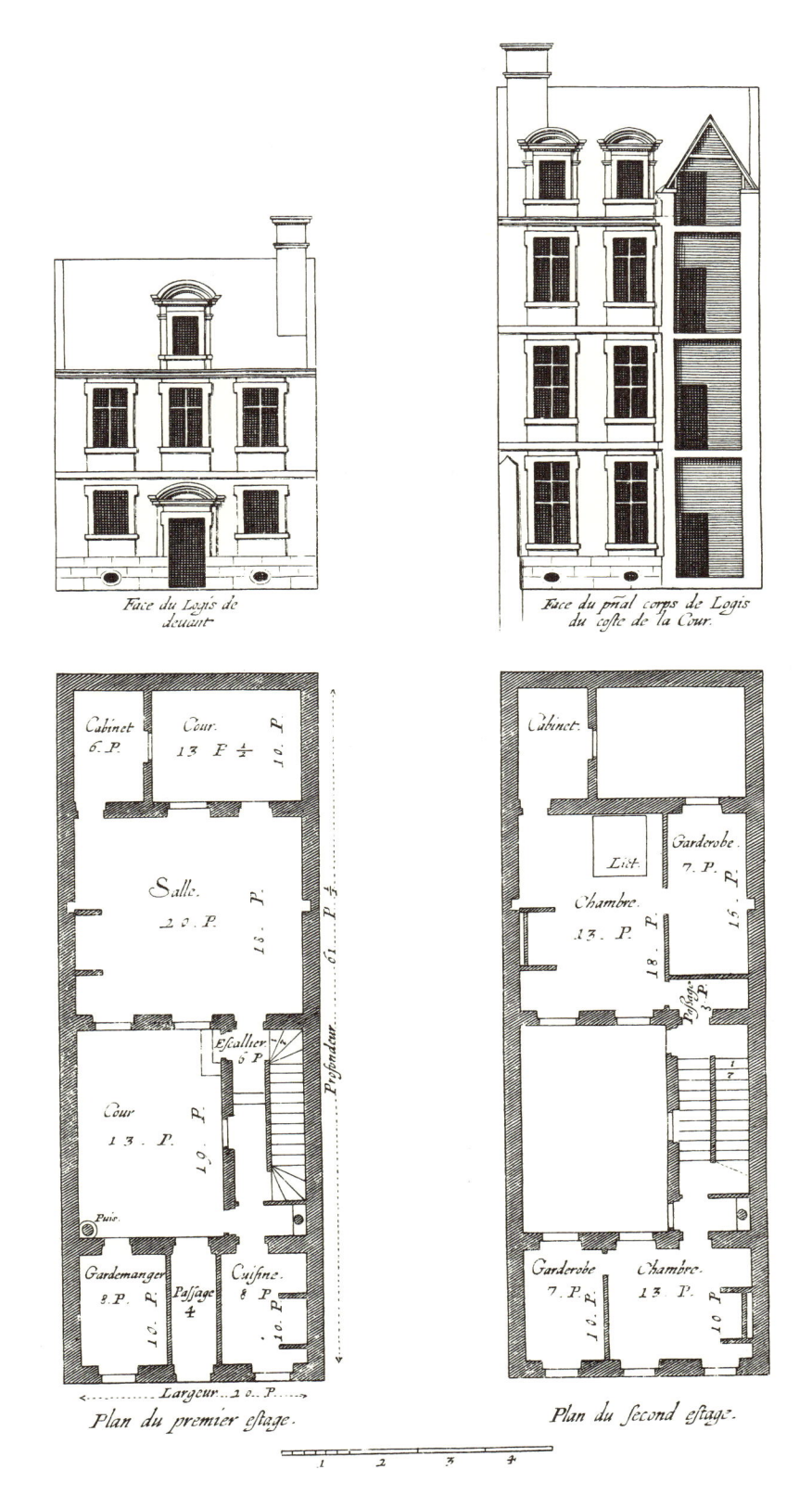

図中語句：

Cabinet 小部屋　　Chambre 寝室　　Cour 中庭　　Cuisine 台所　　Escallier 階段　　Face du Logis de deuant 手前住棟正面
Face du pñal corps Logis du coste de la Cour 主たる住棟中庭側立面　　Gardemanger 食糧貯蔵室　　Garderobe 衣裳部屋
Largeur 間口　　Lict 寝台　　Passage 通路　　Paßage 廊下　　Plan du premier Estage 一階平面
Plan du second Estage 二階平面　　Profondeur 奥行き　　Puis 井戸　　Salle 広間

第6類型敷地、間口30ピエから38ピエまで、奥行き58ピエから100ピエまで、における配置

　全体を通じて第8番目にあたるこの類型敷地の第1の配置においては、30ピエの間口幅は、幅4ピエ半の通路と、奥行き20ピエ、間口25ピエの広間に分割される。広間の後ろは、間口21ピエ、奥行き19ピエの中庭である。中庭の脇は内法幅が8ピエの階段である。中庭の奥には奥行き15ピエのもう一つの住棟がある。この住棟の間口は、19ピエの台所と10ピエの食糧貯蔵室に分割されている。二階の配置は一階の配置に準じるが、手前住棟の二階は20ピエ四方の寝室と間口9ピエ半の衣裳部屋があり、一階と異なる。

　間口が変わらず奥行きがさらに大きくなった場合は、奥に第2の中庭または庭園を設けて、奥住棟の各部分の配置を変えずに二面採光とすることができる。

　ところで、これまでの配置においては、敷地の間口が小さいため、厚さ1プスの仕切り板壁を用いることとしていた。しかし、間口にもっと余裕があるこれより後の配置では、支柱および桁の厚さが4プスから6プスの木骨プラスター造の仕切り壁とすることを想定している。記載されている室の間口や奥行きの寸法について誤解の生じないよう、敢えてそのことを記しておく。なお、寸法はこれまでと同様、常に内法による。

　さらに、次の点にも留意する必要がある。これまでの配置では根太と床の厚さを8プスとしてきたが、これは床が3プスで根太が5プスという意味である。これまで見てきた小さなスパンの建物においてはこの厚さで十分である。しかし、これから後の建物については、根太の厚さを6プス、床の厚さはこれまで通り3プスとし、合わせて9プスとする。

　高さに関しては、広間の床面は中庭面より1ピエ高くなっており、中庭から2段上って広間に入る。広間の高さは根太下までが12ピエ3プス、根太と床の厚さを含めると13ピエである。この階高を、蹴上げ6プスの26段の階段で上る。26段のうち23段は壁にとり付けた登りの中にあり、3段は中庭を望む登りの中にある。

　二階の階高は床の厚さを含めて11ピエ9プスである。これに26段の階段を割り付けるので、蹴上げは5プス5リーニュになる。

　三階の階高は床の厚さを含めて10ピエ9プスであり、同じく26段の階段を割り付けるので、蹴上げは5プスになる。

　その上は屋根裏の倉庫または寝室であり、根太下の高さは7ピエから8ピエである。

　奥住棟も中庭面より1ピエ高くなっており、中庭から2段上って入る。一階の階高は根太下までが10ピエ9プス、根太と床の厚さを含めると11ピエ半である。これを蹴上げ6プスの23段の階段で上る。二階は、根太下の高さが9ピエ8プス、根太と床の厚さを含めて10ピエ5プスである。この階高のうちの1ピエ半は中庭を望む登りの中の3段で上り、残りの8ピエ11プスは壁面に取り付けた蹴上げ5プス5リーニュの20段で上る。

　その上は屋根裏の倉庫または寝室であり、根太下の高さは7ピエから8ピエである。

　　　図中語句：

　　　　Chambre　寝室　　　Cour　中庭　　　Cuisine　台所　　　Escallier　階段　　　Estage　二階平面
　　　　Face du corps de Logis de derriere　奥住棟正面　　　Gardemanger　食糧貯蔵室　　　Garderobe　衣裳部屋　　　Largeur　間口
　　　　Passage　通路・廊下　　　Plan du premier L[E]stage　一階平面　　　Plan du second Face du Logis de deuant　手前住棟正面
　　　　Profondeur　奥行き　　　Salle　広間　　　Thoises　トワズ

Face du corps de Logis de derriere.

Face du corps de Logis de deuant.

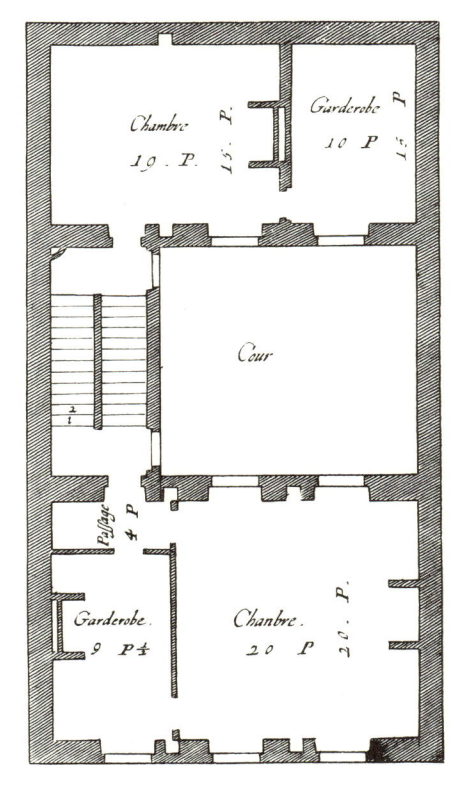

Plan du second Estage.

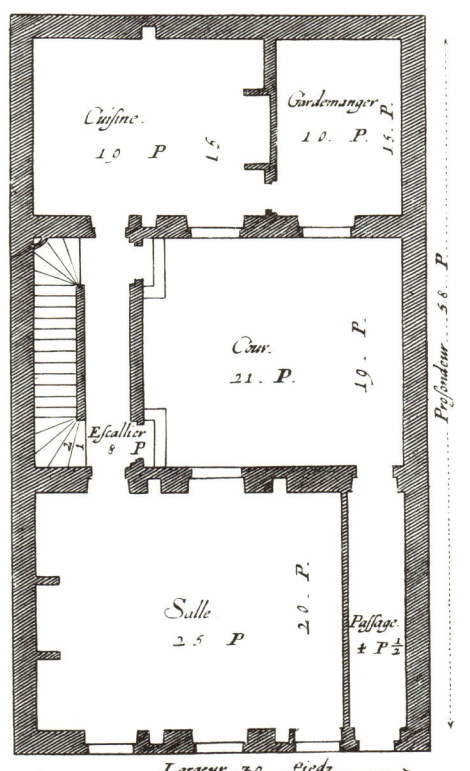

Plan du premier Estage.

第6類型敷地、同じく間口30ピエ、奥行き58ピエ、における第2配置

　第6類型敷地における第2の配置は、第1の配置と同様に、間口を幅4ピエ半の通路と、間口25ピエ、奥行き20ピエの広間に分割する。広間の後ろは、間口20ピエ、奥行き17ピエの台所と、内法幅9ピエの階段である。台所の奥は、間口8ピエ、奥行き11ピエの食糧貯蔵室であり、その後ろに厠がある。以上のような奥行き二室配列の住棟をつくり、その奥に間口21ピエ、奥行き17ピエ半の中庭を設ける。

　上の階は、20ピエ四方の寝室と、間口9ピエ半の衣裳部屋があるが、基本的な配置は一階と同じである。衣裳部屋には、前の配置図に示されているように暖炉を設けてもよい。

　階高は、広間が根太下で12ピエ3プス、根太と床の厚さを含めて13ピエである。それを蹴上げ6プスの26段で上る。
　二階の高さは床の厚さを含めて11ピエ9プスであり、これを24段で上る。
　三階の高さは根太と床の厚さを含めて10ピエ9プスであり、これを22段で上る。
　その上は屋根裏の倉庫または寝室であり、高さは前の配置例と同じである。

　　　図中語句：

　　　　Cabinet 小部屋　　Chambre 寝室　　Cour 中庭　　Cuisine 台所　　Escallier 階段
　　　　Face du logis du cote de la rue 住棟街路側立面　　Gardemanger 食糧貯蔵室　　Garderobe 衣裳部屋
　　　　La face du coste de la cour 住棟中庭側立面　　Largeur 間口　　Passage 通路　　Piedz ピエ
　　　　Plan du premier estage 一階平面　　Plan du second estage 二階平面　　Priué 厠　　Profondeur 奥行き　　Salle 広間
　　　　Thoizes トワズ

万人のための建築技法

Face du logis du coté de la rue.

La face du costé de la cour.

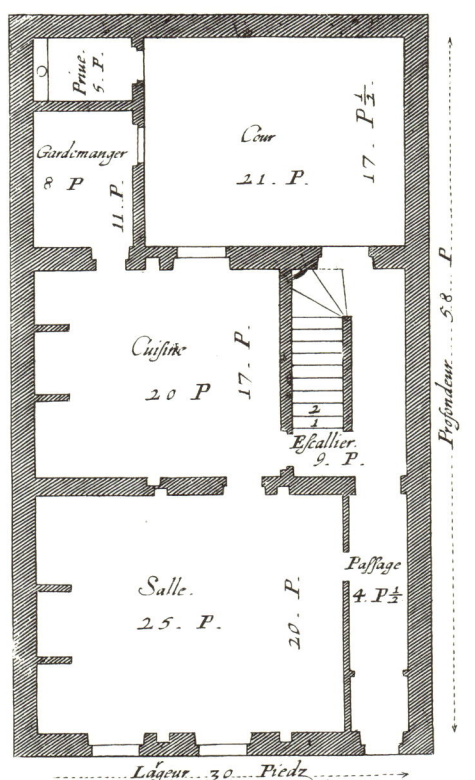

Plan du premier estage.
Largeur 30. Piedz

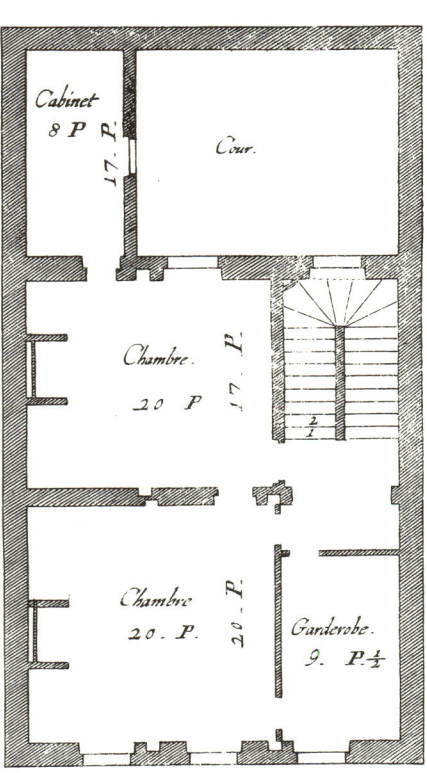

Plan du second estage.

1 2 3 4 Thoizes

27

第7類型敷地、間口およそ38ピエ、奥行き100ピエ、における配置

　この類型敷地における配置は一つだけ示してあるが、前の類型敷地の2つの配置と同じようにその変形を考えることができる。この配置は、全体が間口38ピエ、奥行き100ピエであり、2つの住棟から成る。手前住棟は、間口14ピエ、奥行き20ピエの台所、幅9ピエの馬車通路および台所と同じ寸法の厩舎が、間口方向に並ぶ。その奥には間口28ピエ、奥行き30ピエの中庭がある。中庭の脇には、間口9ピエの階段、および台所とつながる間口9ピエ、奥行き7ピエの食糧貯蔵室がある。

　敷地奥の主たる住棟は、間口25ピエ、奥行き22ピエの広間のほかに、寝室または小広間がある。寝室または小広間と階段の間に幅4ピエの廊下があり、廊下の突き当たりに厠がある。住棟のさらに奥は庭園である。庭園には広間もしくは小広間を通って入るようにする。

　上の階は一階と同じ配置であるが、手前住棟では、厩舎の上が寝室、通路の上が衣裳部屋、そして台所の上が小部屋になる。

　敷地の間口が上に示した値よりも大きく、奥行きは前の類型敷地の配置図に見るように2つの住棟をつくるには足りない場合もありうる。そのような場合は、後の類型敷地において示すいずれかの方法に従って配置構成を変える必要がある。

　主たる住棟および手前住棟のいずれにおいても、地下室へは階段の下から降りる。街路側に降り口を設ける場合は、台所の暖炉の下から降りるようにする。

図中語句：

Cabinet 小部屋　　Chambre 寝室　　Court 中庭　　Cuisine 台所　　Escallier 階段　　Escurie 厩舎
Gardemanger 食糧貯蔵室　　Garderobe 衣裳部屋　　Iardin 庭園　　Largeur 間口　　Lict 寝台　　Paßage 廊下
Paßage pour le Carroße 馬車通路　　Piedz ピエ　　Plan du premier Estage 一階平面　　Plan du second Estage 二階平面
Profondeur 奥行き　　Salle 広間　　Thoises トワズ

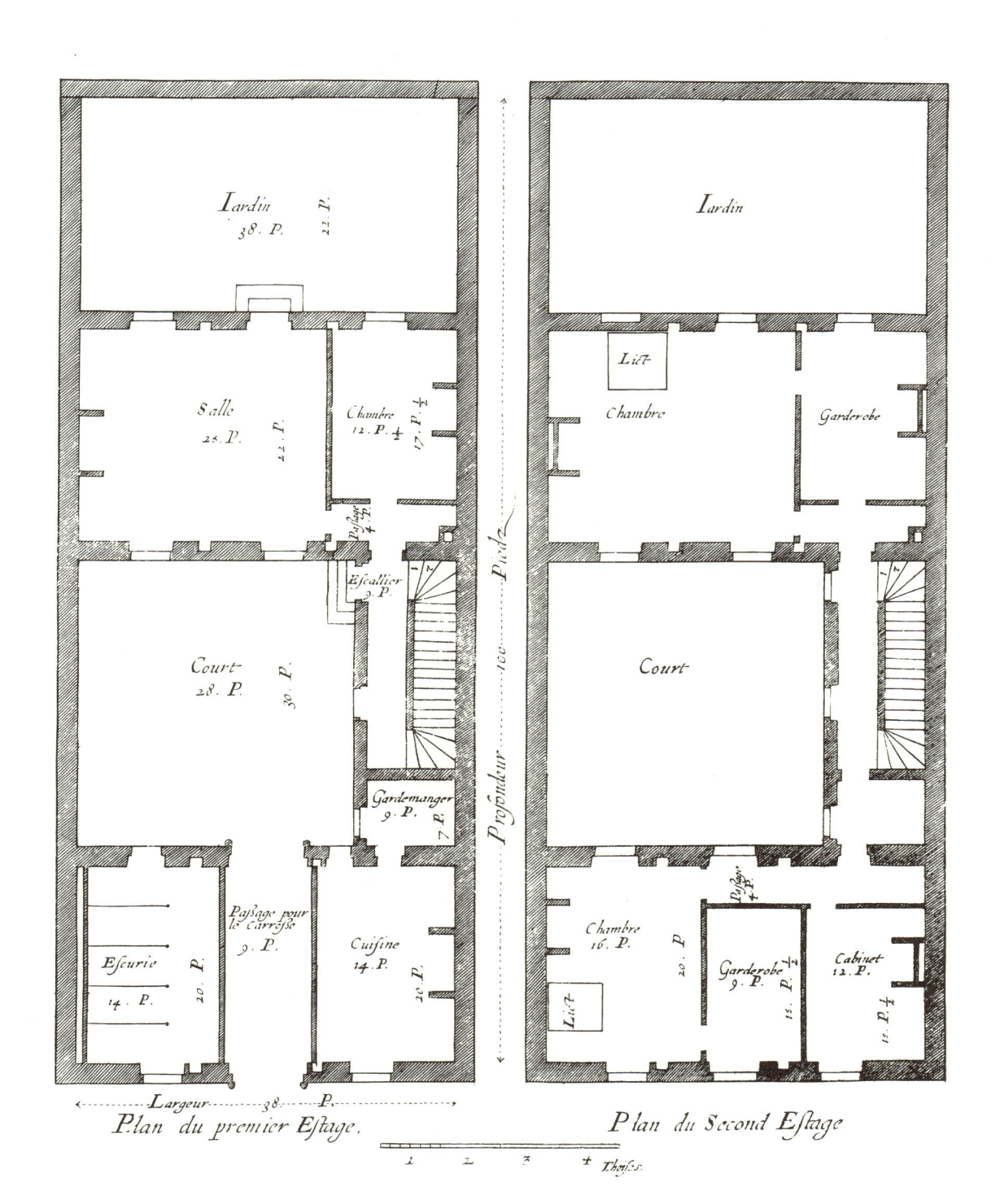

Plan du premier Estage.

- Jardin — 38. P. — 22. P.
- Salle — 25. P. — 22. P.
- Chambre — 12. P. — 17. P. ½
- Passage — ¼ P.
- Escallier — 9. P.
- Court — 28. P. — 30. P.
- Gardemanger — 9. P. — 7. P.
- Escurie — 14. P. — 20. P.
- Passage pour le Carrosse — 9. P.
- Cuisine — 14. P. — 20. P.

Largeur — 38. P.

Profondeur — 100. Pieds

Plan du Second Estage

- Jardin
- Lict
- Chambre
- Garderobe
- Court
- Chambre — 16. P. — 20. P.
- Lict
- Passage — ¼ P.
- Garderobe — 9. P. — 15. P. ½
- Cabinet — 12. P. — 15. P. ¼

1 2 3 4 Thoises

第7類型敷地の手前および奥住棟立面

　敷地手前住棟の床面は中庭面と同じ高さであり、一階の階高は根太下14ピエ6プス、根太と床の厚さを含めて15ピエ3プスである。蹴上げ6プスの3段を上ると、階段下の床および奥住棟の床になる。奥住棟の一階の階高は、根太下13ピエ、根太と床の厚さを含めて13ピエ9プスである。これを蹴上げ6プス10リーニュの24段で上ると、互いに同じ高さにある手前住棟と奥住棟の二階に出る。

　二階の階高は、手前住棟および奥住棟ともに、根太下12ピエ、根太と床の厚さ含めて12ピエ9プスであり、蹴上げ6プス5リーニュの24段で上る。

　三階の階高は、やはり両住棟とも、根太下10ピエ、根太と床の厚さを含めて10ピエ9プスであり、蹴上げ5プス5リーニュの24段で上る。

　その上の屋根裏の倉庫または寝室は、根太下の高さが8ピエから9ピエである。

図中語句：
　　Face du corps de Logis sur le deuant　手前住棟正面　　Face du coste de la cour du pñal corps de Logis　主たる住棟中庭側立面

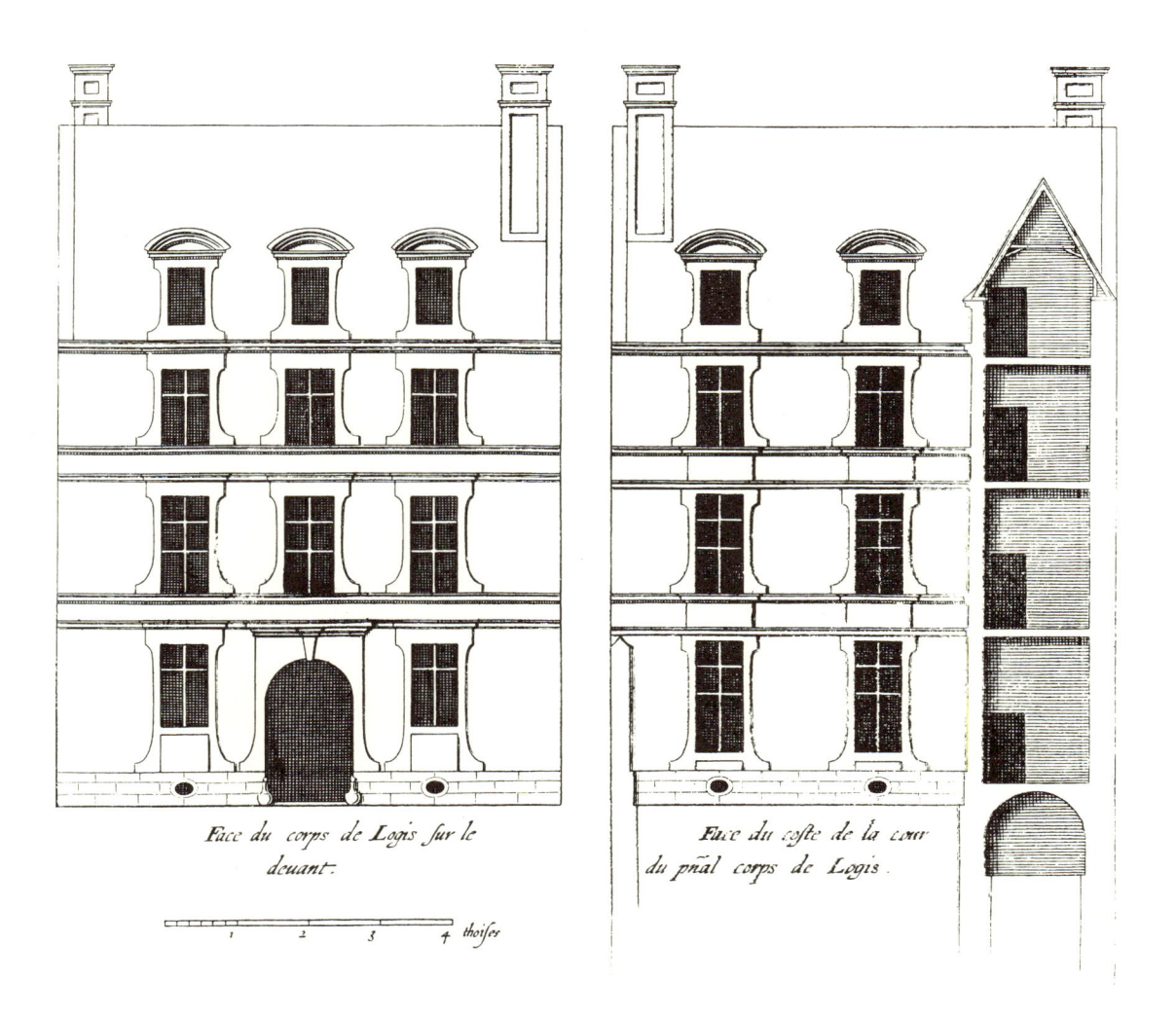

Face du corps de Logis sur le deuant.

Face du coste de la cour du pñal corps de Logis.

第8類型敷地、間口50ピエ、奥行き58ピエ、における配置

　この類型敷地は3通りの配置が可能である。第1の配置は、奥行き22ピエ、間口50ピエの手前住棟の間口幅を、27ピエ半の広間、8ピエの通路および13ピエの厩舎に分割する。住棟の奥には間口32ピエの中庭があり、中庭の脇に、台所と食糧貯蔵室、および広間につながる階段がある。それらの寸法は図面に記されている通りである。階段の隅には厠がある。二階の配置図は次の見開き頁に示す。

　高さに関しては、広間、階段、食糧貯蔵室および台所は同じ平面上にあり、中庭面より1ピエ高くなっている。それらの室と同じ高さにある厩舎へは、中庭から2段上って入る。
　一階の階高は、根太と床の厚さを含めて13ピエ9プスであり、蹴上げ6プス1リーニュの27段で上る。
　二階の階高は、根太と床の厚さを含めて12ピエ9プスであり、蹴上げ6プスの26段で上る。[8]
　三階の階高は、根太と床の厚さを含めて11ピエ9プスであり、蹴上げ6プスの24段で上る。[9]
　その上は屋根裏の寝室または倉庫である。

訳注：
（8）12ピエ9プスを26段で割ると、5プス10リーニュ3/5になる。
（9）11ピエ9プスを24段で割ると、5プス10リーニュ半になる。

図中語句：
　Court　中庭　　Cuisine　台所　　Escallier　階段　　Escurie　厩舎　　Face du corps de Logis de deuant　手前住棟正面
　Gardemanger　食糧貯蔵室　　Largeur　間口　　Piedz　ピエ　　Plan du premier Estage　一階平面　　Porte cochere　馬車門
　Profondeur　奥行き　　Salle　広間　　Thoizes　トワズ

万人のための建築技法

Face du corps de Logis de devant.

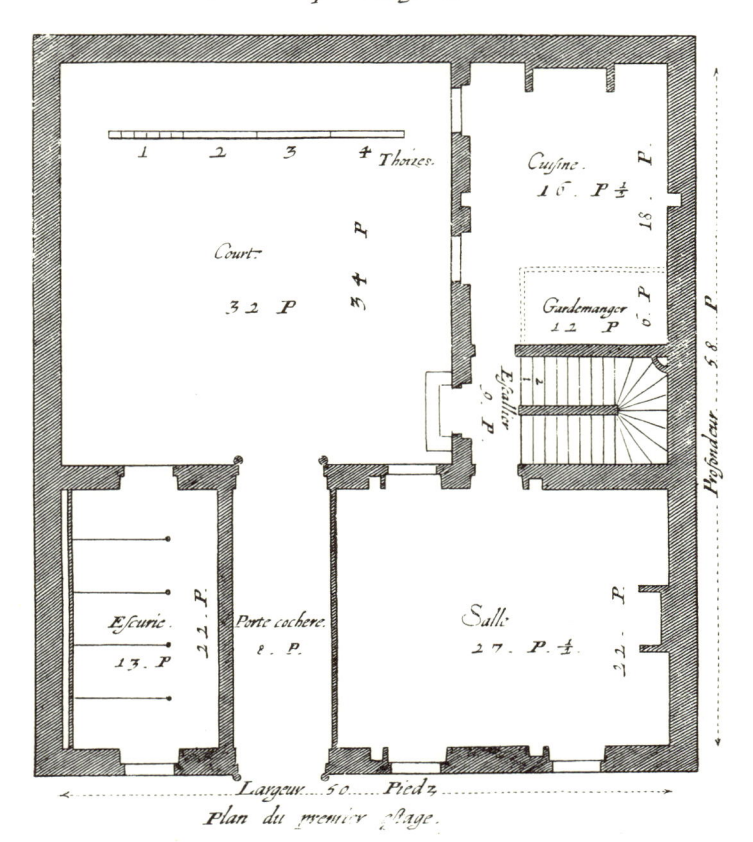

Plan du premier estage.

33

第 8 類型敷地における第 1 配置の二階

　二階には 2 つの寝室と衣裳部屋がある。第 1 の寝室は一階広間の上にあって、間口が 13 ピエ半［原文のまま］⁽¹⁰⁾、奥行きが 17 ピエ半である。その後ろに廊下があって、寝室と階段を隔てている。第 1 の寝室につながる第 2 の寝室は、間口が 19 ピエ、奥行きは住棟と同じ 22 ピエである。衣裳部屋は、間口 13 ピエ、奥行きは同じく 22 ピエである。［第 2 の］主たる寝室の寝台は、仕切り壁につけて置いてもよい。

　台所と食糧貯蔵室の上は、間口 16 ピエ半、奥行き 24 ピエの寝室である。2 つの住棟を同じ高さにするか、あるいはそれぞれ適当と思われる異なる高さにするかは、建築主の選択に委ねられる。

　中庭側の建物立面は二階立面［原文のまま］⁽¹¹⁾の上に示してある。しかし、その寸法は前述の立面と同じなので、それについて特に述べる必要はないであろう。

訳注：
(10) 寝室の間口は図面にある通り 16 ピエ半が正しく、13 ピエ半は誤記であろう。
(11) 原文では「二階立面」(l'élévation du second étage) となっているが、「二階平面」の誤りであろう。

図中語句：

Caue　地下室　　Chambre　寝室　　Court　中庭　　Escallier　階段　　Face du Coste de la Court　中庭側立面
Garderobe　衣裳部屋　　Passage　廊下　　Plan du second Estage　二階平面　　Lict　寝台　　Thoizes　トワズ

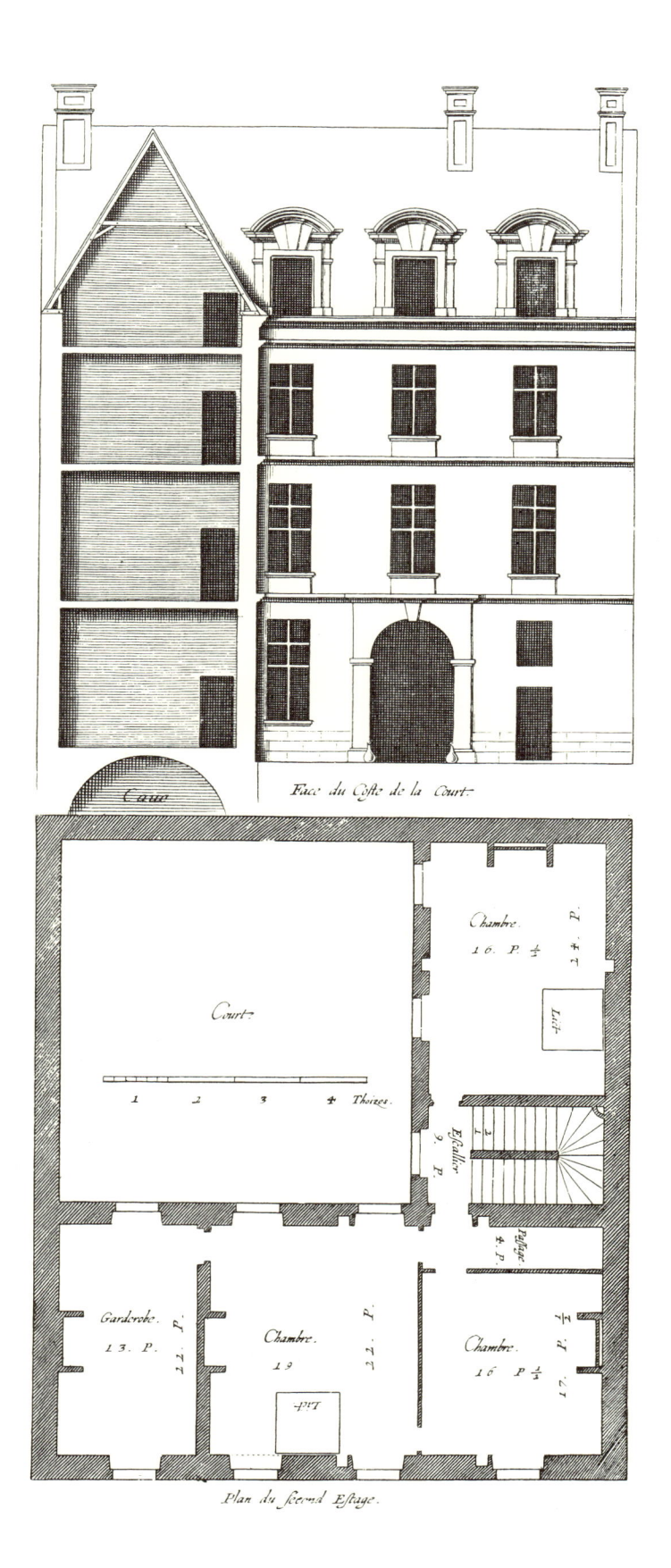

Face du Costé de la Court.

Plan du second Estage.

第8類型敷地、同じく間口50ピエ、奥行き58ピエ、における第2配置

　この類型敷地における第2の配置は次の通りである。敷地手前住棟は、奥行きが38ピエ半で、敷地間口いっぱいに展開する。住棟の前列には、間口30ピエ、奥行き20ピエの広間、幅5ピエの通路、および間口14ピエの厩舎があり、後列には台所と寝室、そしてそれらの間に階段がある。台所は間口25ピエ、奥行き17ピエ、階段は幅9ピエ、そして寝室は間口13ピエ半である。台所のさらに奥には間口9ピエ、奥行き11ピエ半の食糧貯蔵室があり、その後ろは厠である。階段の隅には上の階の住人のための厠を設ける。中庭は間口40ピエ、奥行き17ピエ半である。

　地下室への降り口は階段の最初の登りの下にあり、そこから真っ直ぐに降りる。

　敷地の奥行きを変えないで中庭をもう少し大きくしたい場合は、広間の奥行きを2ピエ縮めてその分を中庭に充てる。

　高さに関しては、住棟の床面は外の面よりも2ピエ高くなっており、そこへ上る経路はいくつか考えられる。まず、もしそれが可能な場合は、街路から1段もしくは2段上り、さらに壁の厚みの中に設けられた残りの段で上る。さもなければ、図面に点線で示してあるように、すべての段を通路の中に設ける。（排水のための措置を除外してみると）外の面と同じ高さにある中庭に下りるには、階段の通路の中で2段、そして中庭の中で2段下りる。そのようにすれば、中庭の出入り戸に適度な空き高をとることができる。

　一階の階高は、根太下13ピエ、根太と床の厚さを含めて13ピエ9プスであり、蹴上げ5プス8リーニュの29段で上る。

　二階の階高は、根太と床の厚さを含めて12ピエ9プスであり、蹴上げ5ピエ［原文のまま］[12]1リーニュの26段で上る。

　三階の階高は、根太と床の厚さを含めて10ピエ9プスであり、蹴上げ5プスの26段で上る。

　その上の屋根裏の倉庫または寝室は、根太下の高さが8ピエから9ピエである。

訳注：
(12) 原文の「5ピエ」は明らかに「5プス」の誤記であろう。さらに、12ピエ9プスの高さを26段で上るとすれば、各段の蹴上げはおよそ5プス10リーニュとなるはずである。

図中語句：

Chambre 寝室　　Cour 中庭　　Cuisine 台所　　Escallier 階段　　Escurie 厩舎　　Gardemanger 食糧貯蔵室
La face du Logis de deuant 住棟正面　　Passage 通路　　Plan du premier estage 一階平面　　Priué 厠　　Salle 広間

万人のための建築技法

La face du Logis de deuant.

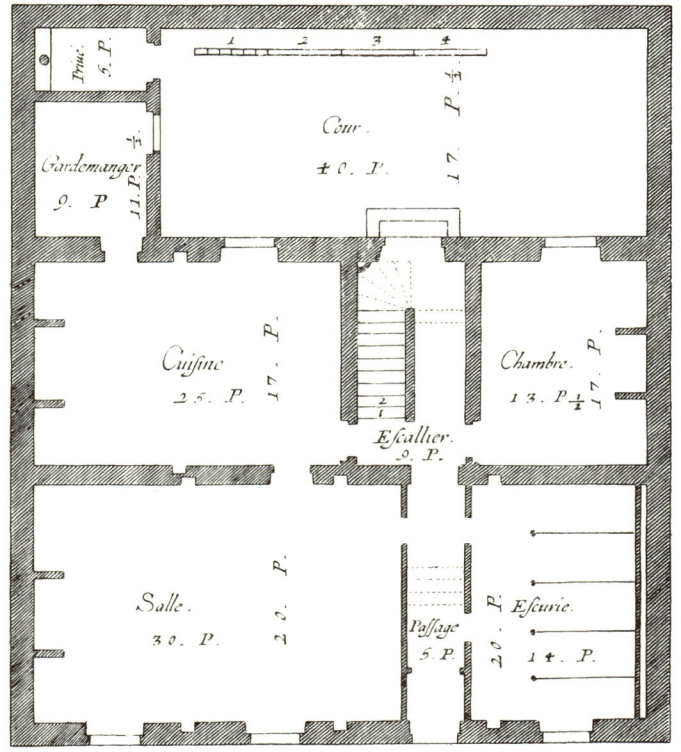

Plan du premier estage.

第8類型敷地における第2配置の二階

　二階は、手前に2つの寝室、およびそれらの寝室に挟まれた衣裳部屋または小部屋がある。第1の寝室は間口25ピエ、奥行き20ピエである。衣裳部屋または小部屋は間口10ピエ、奥行き15ピエ半であり、その後ろは幅4ピエの廊下である。第2の寝室は間口が14ピエで、奥行きは第1の寝室と同じである。住棟の奥には階段を挟んでさらに2つの寝室がある。その最初の寝室は間口25ピエ、奥行き17ピエ、階段は間口9ピエ、そしてもう一つの寝室または小部屋は間口13ピエ半、奥行き17ピエである。最初の寝室のさらに奥には、一階食糧貯蔵室の上の衣裳部屋が中庭の奥行きいっぱいに突き出している。

　それらの階の各室は、出入りのための空間を十分にとってあるので、使い勝手が良い。

　二階平面の上に中庭側立面を示してあるが、その寸法は前述のものと異なるところがないので、それについては特に説明を要しないであろう。

図中語句：

　Cabinet　小部屋　　　Chambre　寝室　　　Cour　中庭　　　Escallier　階段　　　Garderobe　衣裳部屋
　La face du Logis sur le derriere　中庭側立面　　　Lict　寝台　　　Plan du segond estage　二階平面　　　Thoizes　トワズ

La face du Logis sur le derriere.

Plan du ... *segond estage.*

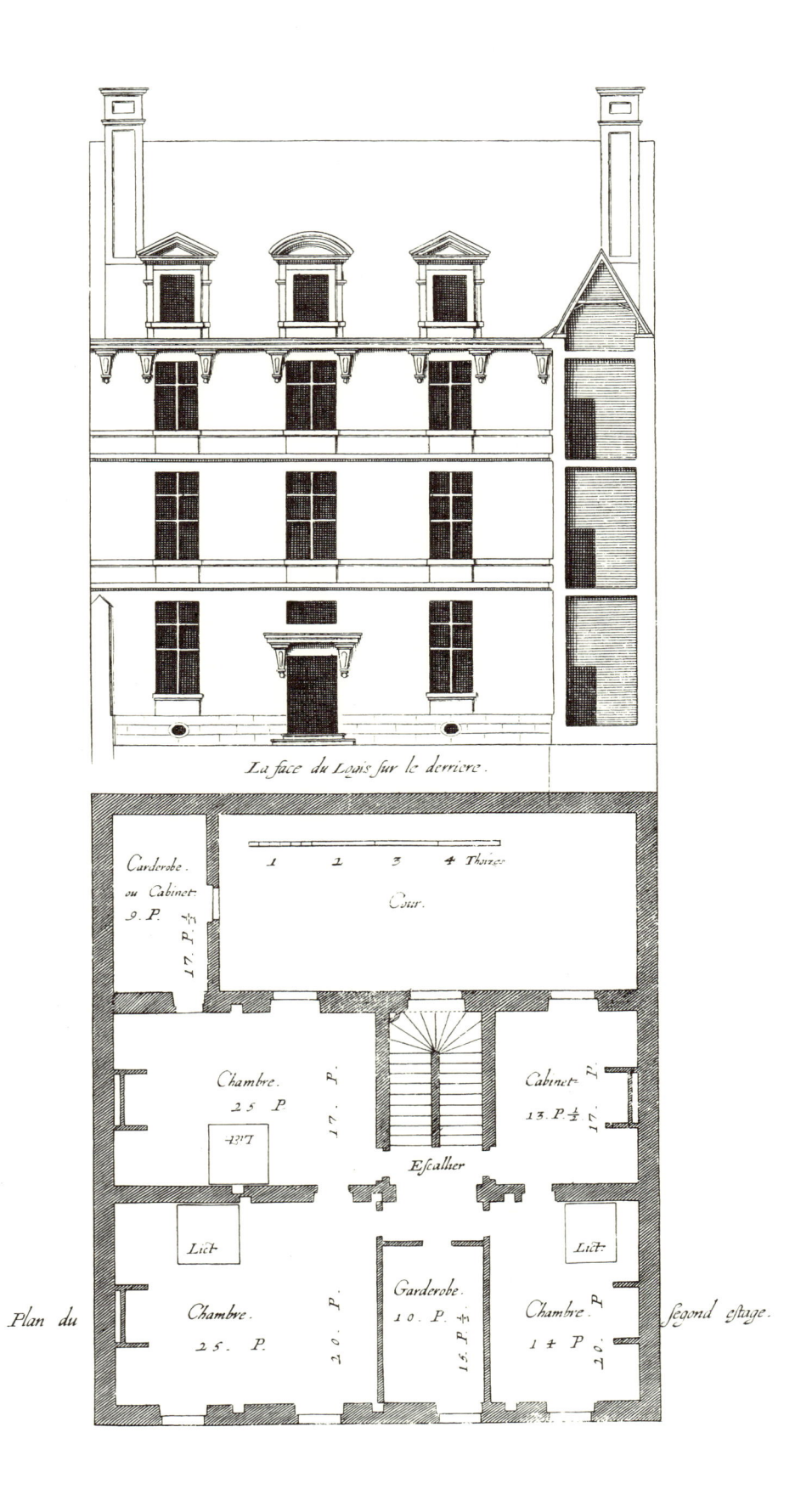

第 8 類型敷地、同じく間口 50 ピエ、奥行き 58 ピエ、における第 3 配置

　この配置も前の 2 つの配置と同じように、間口 50 ピエ、奥行き 36 ピエの、奥行き方向二室配列の住棟をもつ。住棟には、通路と階段を挟んで、一方に広間、他方に厩舎と台所がある。広間は間口が 20 ピエで、奥行きは住棟の奥行きと同じである。階段は間口 9 ピエ、厩舎は間口が 18 ピエで奥行きが 15 ピエ半、台所は間口が同じく 18 ピエで奥行きが 20 ピエである。間口 9 ピエ、奥行き 14 ピエの食糧貯蔵室が台所の奥に続く。その後ろには厠がある。中庭は間口 40 ピエ、奥行き 20 ピエである。通路は入り口から階段下までの長さが 15 ピエ半である。

　地下室へは階段の登りの下から真っ直ぐに降りる。

　住棟の床面は、外の面よりも 2 ピエ高くなっている。そこへ上るには、もし街路に段を設けることが認められるならば、街路沿いに設けた 1 段もしくは 2 段をまず上り、残りは壁の厚みの中に設けた段で上る。さもなければ、図面に示してあるように、すべての段を通路の中に設ける。中庭に下りるには、階段の通路の中で 2 段、そして中庭の中で 2 段下りる。そのようにすれば中庭の出入り戸に適度な空き高をとることができる。

　一階の階高は、床から根太下までが 13 ピエ、根太と床の厚さを含めて 13 ピエ 9 プスである。これを蹴上げ 5 プス 8 リーニュの 31 段で上る。(13)

　二階の階高は、根太と床の厚さを含めて 12 ピエ 9 プスであり、蹴上げ 6 プス 4 リーニュ半の 24 段で上る。

　三階の階高は、根太と床の厚さを含めて 10 ピエ 9 プスであり、蹴上げ 5 プス 4 リーニュ半の 24 段で上る。

　その上の屋根裏の倉庫または寝室は、根太下の高さが 7 ピエから 8 ピエである。

　訳注：
　　(13) 13 ピエ 9 プスを 31 段で割ると、5 プス 3 リーニュ 27/31 になる。

　図中語句：
　　Cour 中庭　　Cuisine 台所　　Escallier 階段　　Escurie 厩舎　　Face du corps de Logis de deuant 住棟正面
　　Gardemanger 食糧貯蔵室　　Largeur 間口　　Passage 通路　　Piedz ピエ　　Plan du premier estage 一階平面　　Priue 厠
　　Profondeur 奥行き　　Salle 広間　　Thoizes トワズ

万人のための建築技法

Face du corps de Logis de deuant.

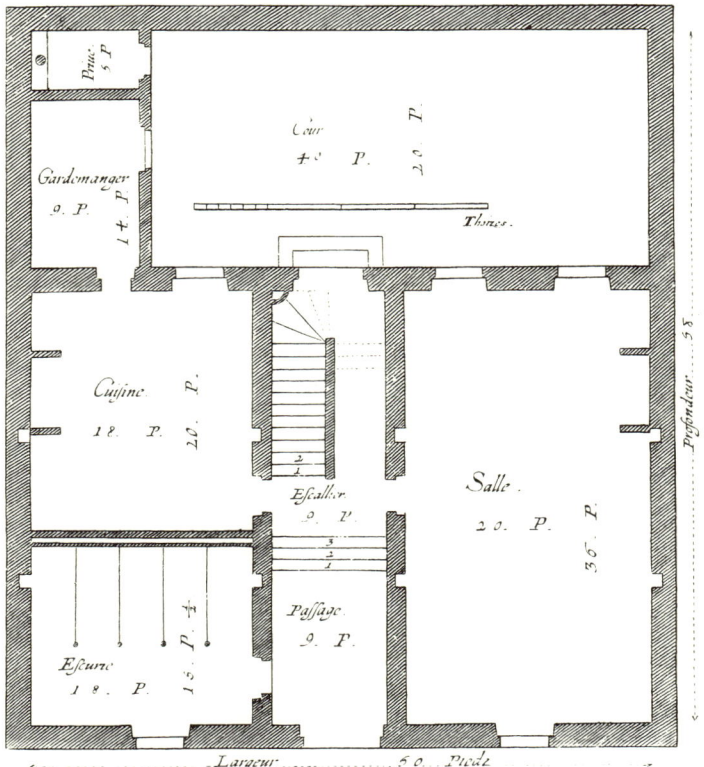

Plan du premier etage.

第8類型敷地における第3配置の二階

　二階は衣裳部屋と小部屋のついた2つの寝室から成る。住棟奥の一階広間上の第1の寝室は20ピエ四方である。その手前は、奥行き15ピエ半、間口20ピエの衣裳部屋である。一階通路の上は、間口9ピエ、奥行き12ピエの小部屋である。第2の寝室は一階台所の上にあり、間口が18ピエで、奥行きは第1の寝室と同じ20ピエである。その奥の小部屋は一階食糧貯蔵室の上にあり、中庭と同じ20ピエの奥行きがある。衣裳部屋はその下の一階厩舎と同じ大きさである。

　二階平面の上に中庭側立面を示してある。

図中語句：

　　Cabinet　小部屋　　　Chambre　寝室　　　Cour　中庭　　　Face du coste de la cour　中庭側立面　　　Garderobe　衣裳部屋

　　Lict　寝台　　　Plan du second estage　二階平面　　　Thoizes　トワズ

万人のための建築技法

Face du cofté de la cour.

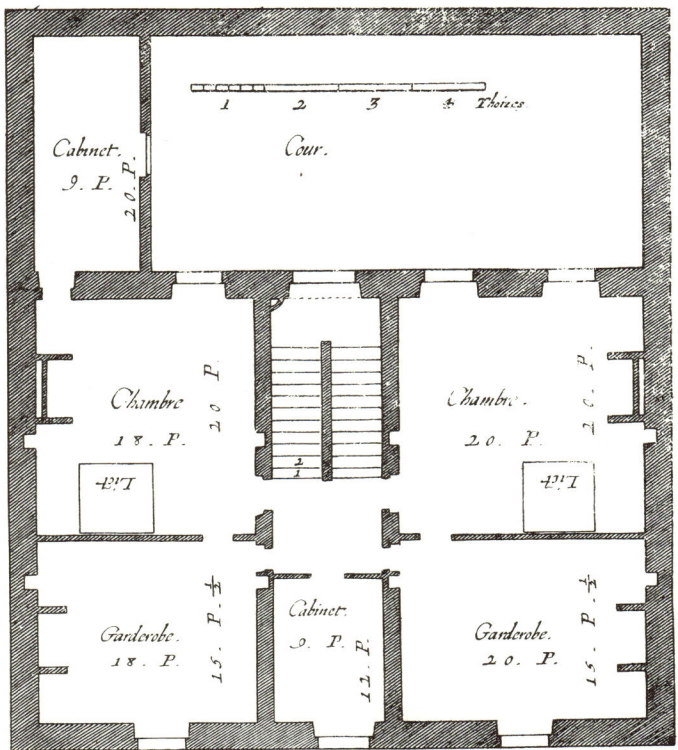

Plan du second eftage.

43

第9類型敷地、間口57ピエ、奥行き120ピエ、における配置

　この類型敷地では5通りの配置が可能である。それぞれの配置について設計図を示す。第1の配置は、敷地の手前と奥に2つの住棟をもつ。手前住棟は奥行きが20ピエある。その間口は、20ピエの台所、11ピエの食糧貯蔵室、9ピエの馬車通路および15ピエの厩舎に分割される。台所の後ろに、間口13ピエ半、奥行き15ピエの階段がある。階段の後ろは、それと同じ幅の長さ26ピエの歩廊である。階段の隅の図面にAと記されている場所に厠がある。中庭は42ピエ四方である。

　敷地奥の主たる住棟は、奥行きが22ピエある。その間口は手前住棟と同じ大きさであり、30ピエの広間、10ピエの階段および15ピエの寝室に分割される。庭園は奥行きが30ピエあり、57ピエの敷地間口全体にわたって広がる。

図中語句：

Chambre 寝室　　Court 中庭　　Cuisine 台所　　Escallier 階段　　Escurie 厩舎　　Gallerie 歩廊
Gardemanger 食糧貯蔵室　　Iardin 庭園　　Largeur 間口　　Piedz ピエ　　Plan du Premier Estage 一階平面
Porte cochere 馬車門　　Profondeur 奥行き　　Salle 広間　　thoises トワズ

Jardin
57. P.   30. P.

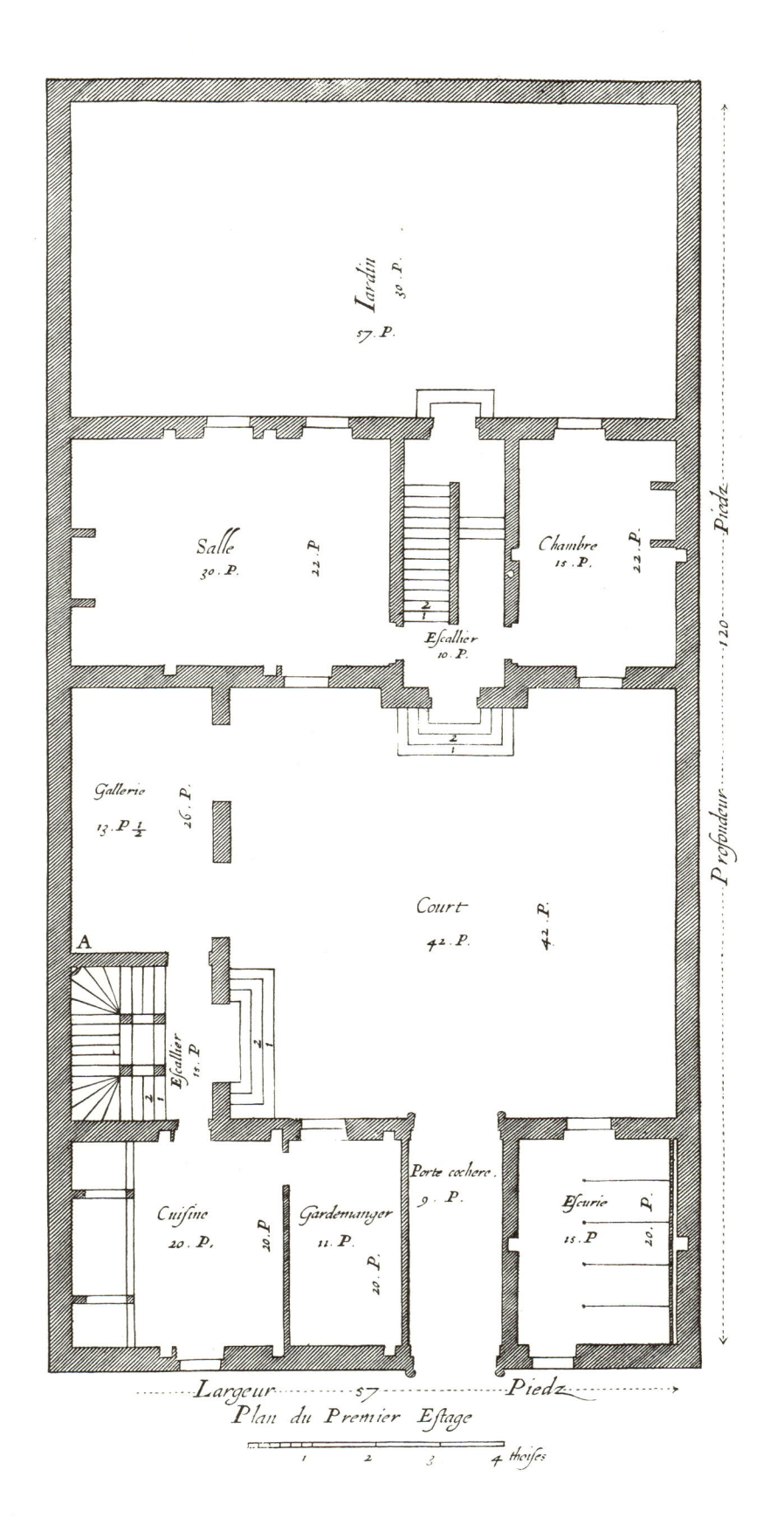

Salle
30. P.   22. P.

Chambre
15. P.   22. P.

Escallier
10. P.

Gallerie
13. P. ½   26. P.

Court
42. P.   42. P.

A

Escallier
15. P.

Cuisine
20. P.   20. P.

Gardemanger
11. P.   20. P.

Porte cochere.
9. P.

Escurie
15. P.   20. P.

Largeur — 57 — Piedz
Profondeur — 120 — Piedz

Plan du Premier Estage

1 2 3 4 thoises

第 9 類型敷地における第 1 配置の二階

　二階は、一階台所の上が衣裳部屋である。衣裳部屋と階段の間に幅 4 ピエの廊下があるため、衣裳部屋は間口 15 ピエに対して奥行きが 15 ピエ半である。さらに寝室が 2 つあり、その一つは間口が 25 ピエで奥行きが 20 ピエ、もう一つは奥行き［原文のまま］(14) が 15 ピエである。廊下とつながる階段の奥には小部屋が続き、小部屋はさらに奥の主たる住棟につながる。奥住棟は、一階広間の上に、間口が 19 ピエの寝室と 10 ピエ半の衣裳部屋がある。衣裳部屋の隣りが一階につながる階段、そしてその隣りが間口 15 ピエの別の寝室である。それらはいずれも奥行きが住棟と同じ 22 ピエである。階段の壁の中に厠がつくられている。

訳注：
(14) 原文では「奥行き」(profondeur) が 15 ピエとなっているが、図面に照らしてみても「間口」が 15 ピエの誤りであろう。2 つの寝室の奥行きはいずれも 20 ピエである。

図中語句：
　Cabinet 小部屋　　Chambre 寝室　　Court 中庭　　Garderobe 衣裳部屋　　Iardin 庭園　　Lict 寝台　　Paßage 廊下
　Plan du second Estage 二階平面　　Thoises トワズ

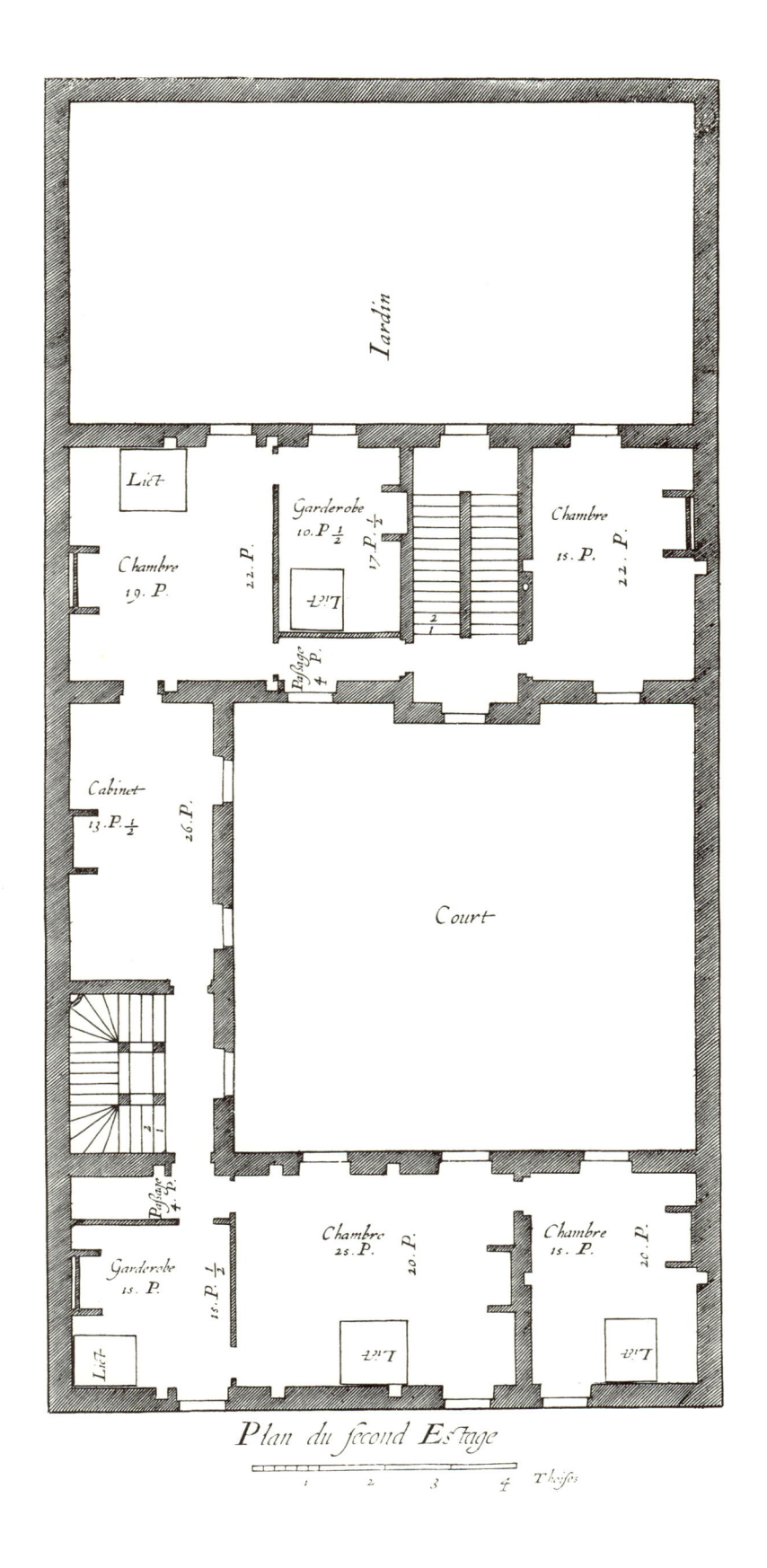

Plan du second Estage

第9類型敷地における第1配置の手前住棟中庭側立面

　手前住棟は、厩舎と通路を除いて、中庭面より2ピエ高くなっており、階段脇の中庭につくられた4段を上って入る。

　一階の階高は、根太と床の厚さを含めて13ピエ9プスである。それを蹴上げ6プス7リーニュの25段で上る。

　二階は根太と床の厚さを含めて12ピエ9プスであり、蹴上げ6プス1リーニュの25段で上る。

　三階は根太と床の厚さを含めて11ピエ9プスであり、蹴上げ5プス8リーニュの25段で上る。

　その上は、根太下8ピエから9ピエの屋根裏の倉庫または寝室である。

図中語句：
La face du Logis de deuant du coste de la Court　手前住棟中庭側立面　　Thoizes　トワズ

万人のための建築技法

*La face du Logis de douant
du coste de la Court*

1　2　3　4　*Thoizes*

49

第9類型敷地における第1配置の奥住棟中庭側立面[15]

　奥住棟も中庭面より2ピエ高くなっており、中庭につくられた4段を上って入る。住棟から庭園に下りるには、階段の通路の中で2段、そして庭園の中で2段下がる。そのようにして庭園の出入り戸のための適度な空き高をとる。

　一階の階高は、根太と床の厚さを含めて13ピエ9プスである。それを蹴上げ5プス11リーニュの28段の全折れ階段で上る。
　二階は根太と床の厚さを含めて12ピエ9プスであり、蹴上げ5プス半の28段で上る。
　三階は根太と床の厚さを含めて11ピエ9プスであり、蹴上げ5プスの28段で上る。
　二階と三階の階段の蹴上げを一階と同じ5プス11リーニュにする場合は、二階を26段、三階を24段とする。この階段の設計の変更は他のすべての立面においても可能である。
　その上は、根太下8ピエから9ピエの屋根裏の倉庫または寝室である。

　　訳注：
　　　(15) 敷地奥の主たる住棟は、一般に手前住棟より奥行き幅も大きく、図面では「大住棟」とも表記されている。

　図中語句：
　　　La face du grand Logis du coste de la Court　［奥］大住棟中庭側立面　　Thoizes　トワズ

La face du grand Logis du costé de la Court.

1   2   3   4   Thuzes

第 9 類型敷地、同じく間口 57 ピエ、奥行き 120 ピエ、における第 2 配置

　この類型敷地における第 2 の配置は、敷地の手前と奥に 2 つの住棟をもつ。奥行き 20 ピエの手前住棟は、間口方向に、厩舎、馬車門および台所が並ぶ。間口はそれぞれ、2 列式の厩舎が 23 ピエ半、馬車通路が 9 ピエ、台所が 22 ピエ半である。台所の奥隣りには、間口 10 ピエ、奥行き 11 ピエの食糧貯蔵室があり、その隅に厠がある。食糧貯蔵室に続いて、間口が同じく 10 ピエ、奥行きが 24 ピエの階段がある。中庭は、間口が 34 ピエで、奥行きは隔壁の厚さを含めた階段と食糧貯蔵室の奥行きの合計に相当する 36 ピエである。その中庭を挟んで反対側には、厩舎の後ろの階段とさらにその奥に続く歩廊がある。この階段は 10 ピエ四方であり、歩廊は間口が階段と同じ 10 ピエ、奥行きが 25 ピエである。歩廊には馬車を格納し、馬車の後ろの図面に A と記されている場所に厠を置く。

　敷地奥の主たる住棟は、奥行きが 22 ピエ、間口が 57 ピエである。その間口は、36 ピエの広間と、19 ピエ半の寝室に分割する。住棟の両隅の庭園の中に、外から 2 つの小さな出屋をつけて厠とすることができる。出屋の高さは住棟二階の高さまでとする。庭園は奥行きが 36 ピエで、57 ピエの敷地間口全体にわたって広がり、そこへは階段で下りる。

図中語句：

Chambre 寝室　　Court 中庭　　Cuisine 台所　　Escallier 階段　　Escurie 厩舎　　Gallerie 歩廊　　Gardemanger 食糧貯蔵室　　Iardin 庭園　　Largeur 間口　　Perron 階段　　Piedz ピエ　　Plan du Premier Estage 一階平面　　Porte Cochere 馬車門　　Profondeur 奥行き　　Salle 広間　　Thoises トワズ

万人のための建築技法

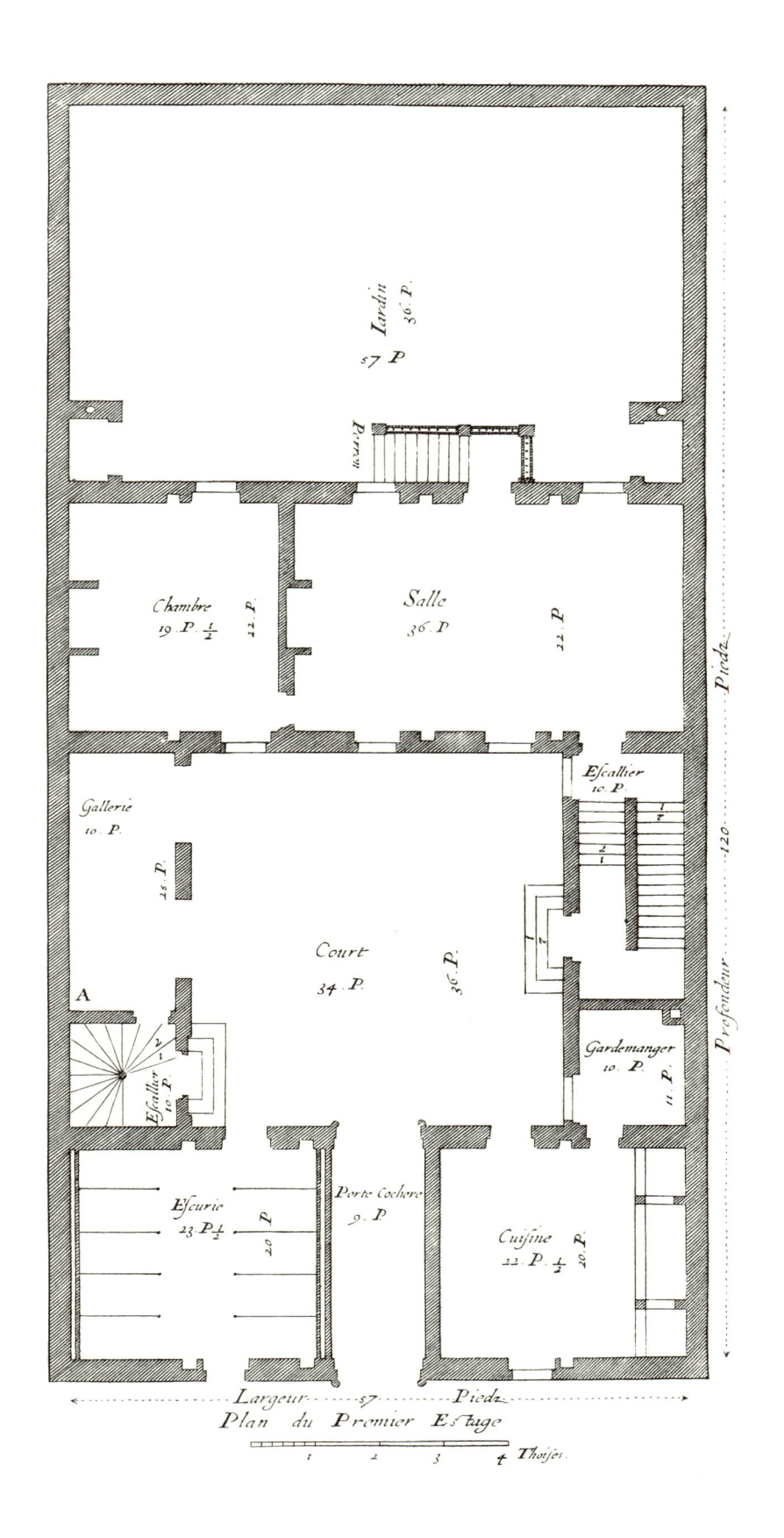

Jardin
57 P. 36 P.

Chambre
19 P. ½ 22 P.

Salle
36 P. 22 P.

Gallerie
10 P.
15 P.

Escallier
10 P.

Court
34 P. 36 P.

A
Escallier
10 P.

Gardemanger
10 P. 11 P.

Escurie
23 P. ½ 20 P.

Porte Cochere
9 P.

Cuisine
22 P. ½ 20 P.

Profondeur 120 Piedz

Largeur 57 Piedz
Plan du Premier Estage
1　2　3　4 Thoises

第9類型敷地における第2配置の二階

　二階には2つの寝室と、その間に挟まれた衣裳部屋がある。第1の寝室は一階台所の上にあり、間口が23ピエである。衣裳部屋は間口が12ピエ、奥行きは廊下があるため15ピエ半である。衣裳部屋はいずれか一方の寝室の専用として用いられる。一階厩舎上の第2の寝室は20ピエ四方である。一階食糧貯蔵室の上は、大きさと形がそれと同じ第1寝室用の玄関室である。中庭の反対側には、階段および奥の主たる住棟につながる歩廊がある。主たる住棟は奥行きが25ピエ［原文のまま］あり、2つの寝室と衣裳部屋から成る。歩廊につながる第1の寝室は間口が19ピエ半であり、第2の寝室は間口が23ピエである。衣裳部屋は間口が13ピエ、奥行きは幅4ピエの廊下があるため17ピエ半である。住棟の両隅の庭園の中に出屋をつけて厠とする。

訳注：
(16) 「廊下があるため」は、原文では次の文の「衣裳部屋はいずれか一方の（……）」にかかる形になっているが、文意からは「奥行きは（……）15ピエ半である」にかかる方が良いので、訳文はそのようにした。
(17) 原文では住棟の奥行きが「25ピエ」となっているが、図面や一階に関する記述に照らしてみて「22ピエ」の誤りであろう。
(18) 「幅4ピエの廊下があるため」は、原文では次の文の「住棟の両隅の（……）」にかかる形になっているが、前注（16）と同じ様に、文意からは「奥行きは（……）17ピエ半である」にかかる方が良いので、訳文はそのようにした。

図中語句：

　　Cabinet 小部屋　　Chambre 寝室　　Court 中庭　　Gallerie 歩廊　　Garderobe 衣裳部屋　　Iardin 庭園　　Lict 寝台
　　Paßage 廊下　　Plan du Second Estage 二階平面　　thoises トワズ　　Vestibule 玄関室

万人のための建築技法

Jardin

Lict | Lict | Garderobe
13. P. 17.P.½

Chambre
19.P.½ 22.P.

Chambre
23.P. 22.P.

Passage
4.P.

Gallerie
10.P. 15.P.

Court

Vestibule.

Chambre
20.P. 20.P.

Passage 4.P.
Garderobe
12.P.
15.P.½

Chambre
23.P. 20.P.

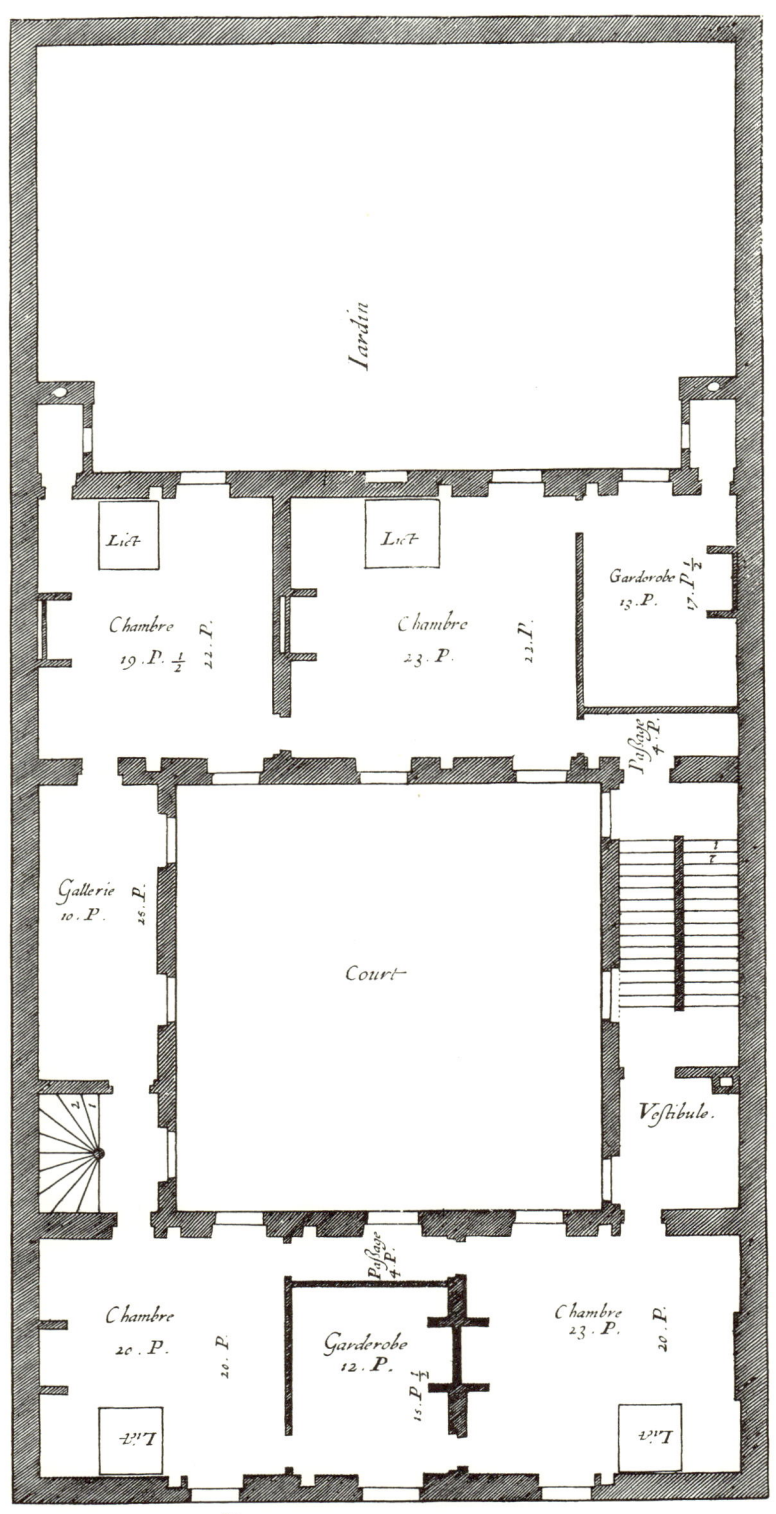

Lict | Lict

Plan du Second Estage

1 2 3 4 toises.

55

第9類型敷地における第2配置の手前住棟街路側立面

　敷地手前住棟の床は中庭と同じ高さにある。一階階高は根太下19ピエである。この階高の中で台所と厩舎の上に中二階がつくられている。一階床から中二階の根太下までの高さは10ピエ、根太と床の厚さを含めると10ピエ9プスである。厩舎上の中二階へは、蹴上げ8プス7リーニュの15段で上る。中二階の階高は、根太下までが8ピエ3プス、根太と床の厚さを含めて9ピエであり、これを蹴上げ8プス4リーニュの13段で上る。台所上の中二階へ行くには、まず、中庭につくられた蹴上げ6プスの3段を上り、次に、蹴上げ6プス、7段の中庭側の登りを上って主たる階段の床に至る。さらに、壁側の登りの蹴上げ5プス11リーニュの15段で7ピエ4プス半を上って、広間の前からつながる主たる階段の踊り場に至る。この7ピエ4プス半に中庭の段と最初の登りで上る5ピエを加えると、12ピエ4プス半になる。しかし、中二階までは10ピエ9プス上ればよいので、食糧貯蔵室の上の4段で2ピエ4プス3リーニュ［原文のまま］下がって中二階に至る。[19]

　奥住棟の床面は、その下に配膳室があるため、中庭面より5ピエ高くなっている。中庭に設けられた3段と、階段を7段上ってそこへ至る。

　奥住棟の一階の階高は、床から根太下まで14ピエであり、根太と床の厚さを含めると14ピエ9プスである。それを踊り場を挟んで15段ずつに振り分けられた、蹴上げ5プス11リーニュの30段の階段で上りきる。かくして、主たる階段は、奥住棟および手前住棟の中二階にはつながるが、手前住棟の一階にはつながっていない。しかし、もう一つの小さな階段は両方につながる。ちなみに、二つの住棟は二階が同じ高さでつながっている。

　小階段と同様に主たる大階段で一方の棟から他方の棟に移動するためには、まず広間の床から25段と曲がり部分の5段で二階に上る。各段の蹴上げは7プス1リーニュである。二階の階高は根太と床の厚さを含めて12ピエ9プスであり、これを蹴上げ6プス1リーニュの25段で上る。しかし、この大階段は台所上の中二階につながっておらず、小階段もその中二階にはつながっていないので、そのままではそこは利用不可能である。[20] 従って、その中二階を利用するためには、小階段から厩舎上の中二階を通り、門の上を通ってそこに至る。門は高さが13ピエ、根太と床の厚さを含めて13ピエ9プスあるので、中二階の床面よりも3ピエ高い。そこで、両方の中二階の床の高さまで段を設け、その段を上り下りして行き来する。

　二階の階高は根太下が12ピエ、根太と床の厚さを含めると12ピエ9プスである。これを二回りして22段で上るので、各段の蹴上げは7プス1リーニュになる。[21]

　三階は屋根裏階であり、根太と床の厚さを含めた階高が10ピエ9プスである。これを蹴上げ8プス4リーニュの16段で一回りして上る。[22]

訳注：
(19) 12ピエ4プス半の高さから10ピエ9プスの高さまで下がるには、単純に計算すれば1ピエ7プス半下がればよいことになる。
(20) 第1段落の最後の記述によれば、主たる大階段の踊り場から食糧貯蔵室の上に設けられた4段を下って台所上の中二階に入れることになっているので、大階段は台所上の中二階につながっていないというこの部分の記述は、直接につながっていないという意味であろうか。
(21) 12ピエ9プスを22段で割ると、6プス11リーニュ5/11になる。
(22) 10ピエ9プスを16段で割ると、8プス3/4リーニュになる。

万人のための建築技法

La face du Logis sur le deuant

図中語句：

  La face du Logis sur le deuant　手前住棟街路側立面　　　Thoizes　トワズ

第9類型敷地における第2配置の奥住棟中庭側立面

　敷地奥住棟の下に配膳室がある。配膳室は根太もしくはヴォールトまでの高さが9ピエあり、そのうちの4ピエ9プスは中庭面より上［原文のまま］(23)にある。この配膳室へは蹴上げ6プス4リーニュの9段で下りる。中庭からは3段上って建物に入る。配膳室の地上に出ている部分は4ピエ3プスであり、根太と床の厚さ含めると5ピエになる。これを10段で上るが、そのうち3段は中庭にあり、あとの7段は既に述べた通り中庭に面した階段の登りの中にある。

　一階広間の床から根太下までの高さは14ピエ、これに根太と床の厚さを含めると14ピエ9プスあり、これを蹴上げ5プス1リーニュ(24)の30段で上る。その30段は、手前住棟の立面の説明の中で述べたように、踊り場を挟んで半分ずつ2つの登りに振り分けられている。

　二階の階高は、根太下が12ピエ、根太と床の厚さを含めると12ピエ9プスあり、これを蹴上げ5プス11リーニュの26段で上る。

　三階は根太と床の厚さを含めた高さが10ピエ9プスであり、これを二階の階段と同じ蹴上げ5プス11リーニュの22段で上る。

　その上は屋根裏の倉庫である。

　訳注：
　　(23) 原文の中庭面より「上」(dessus) は、内容からして「下」(dessous) の誤記であろう。
　　(24) 14ピエ9プスを30段で割ると、5プス10リーニュ4/5になる。

　図中語句：
　　La face du grand Logis du coste de la Court　［奥］大住棟中庭側立面　　Thoizes　トワズ

万人のための建築技法

La face du grand Logis du costé de la Court

1　2　3　4　Thoises

第9類型敷地、同じく間口 57 ピエ、奥行き 120 ピエ、における第 3 配置

　間口 57 ピエ、奥行き 120 ピエの同じ広さの敷地における第 3 の配置は、やはり敷地の手前と奥に 2 つの住棟をもつ。手前住棟は奥行き 20 ピエで敷地間口いっぱいに広がり、その間口は 19 ピエの厩舎、9 ピエの馬車通路、9 ピエの階段、および 17 ピエの台所に分割される。台所の奥には、奥行き 9 ピエ、間口 12 ピエ半の食糧貯蔵室、および、台所につながる幅 4 ピエの廊下がある。食糧貯蔵室の奥隣りは間口 17 ピエ、奥行き 15 ピエ半の寝室である。寝室のさらに奥隣りは階段であり、階段の幅は建物の奥行きによって決まる。この意味での奥行きという表現を用いるならば、階段の奥行きは 10 ピエであり、間口が 17 ピエである。敷地間口幅の残り 38 ピエ半は中庭であり、その中庭の奥行きは 36 ピエである。

　奥の主たる住棟は奥行きが 22 ピエで、敷地間口全体に広がり、間口 34 ピエの広間と 22 ピエ四方の寝室から成る。広間と寝室の隅には、間口 8 ピエ、奥行き 10 ピエの 2 つの小部屋が庭園に突き出している。庭園は奥行き 36 ピエで敷地間口全体にわたって広がり、そこへは住棟から 4 段下がって入る。

図中語句：

Cabinet 小部屋　　Chambre 寝室　　Court 中庭　　Cuisine 台所　　Escallier 階段　　Escurie 厩舎
Gardemanger 食糧貯蔵室　　Iardin 庭園　　Largeur 間口　　Paßage 廊下　　Piedz ピエ
Plan du premier Estage 一階平面　　Porte cochere 馬車門　　Profondeur 奥行き　　Salle 広間　　thoises トワズ

万人のための建築技法

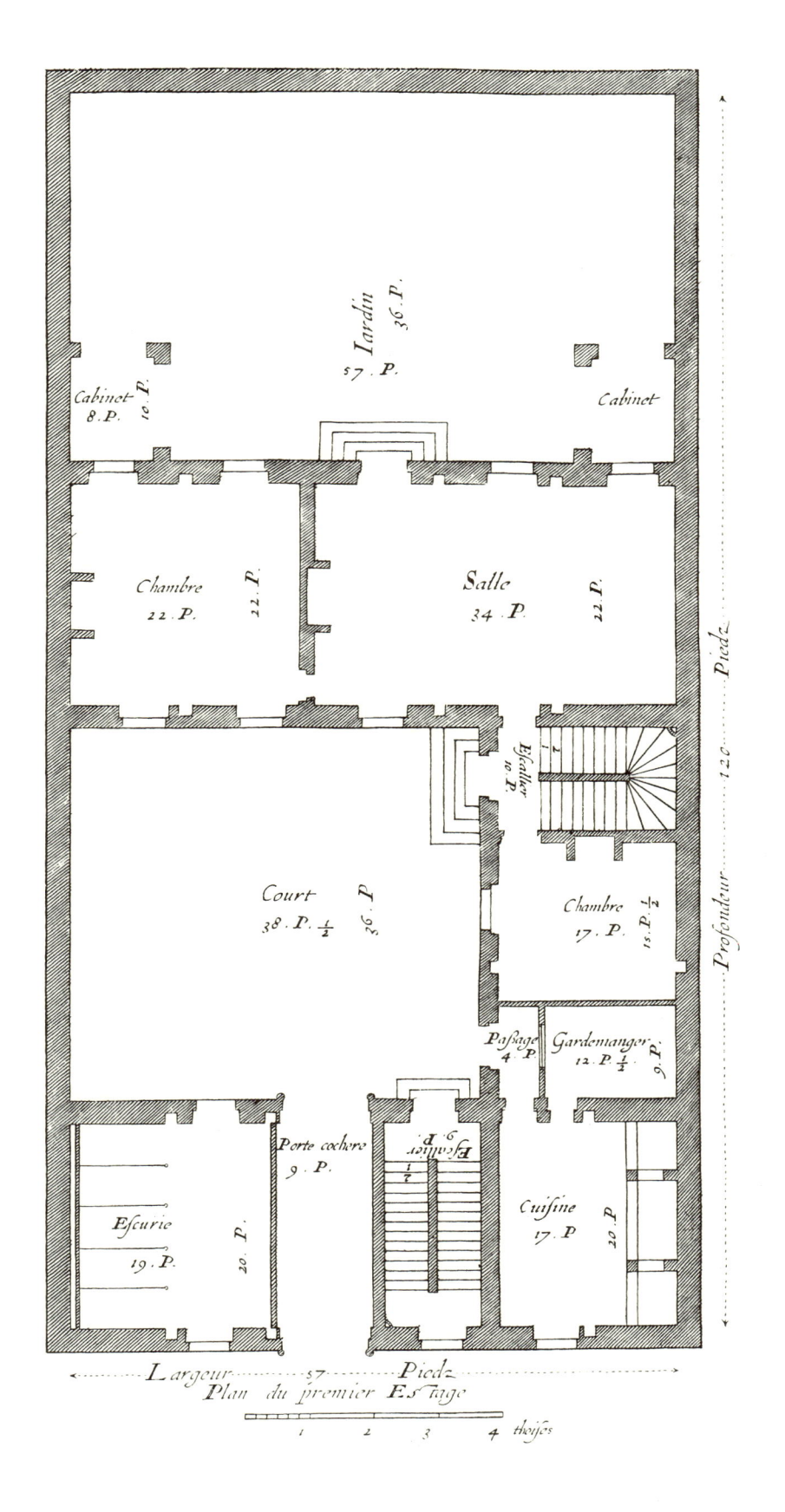

Cabinet
8. P. 10. P.

Jardin
57. P. 36. P.

Cabinet

Chambre
22. P. 22. P.

Salle
34. P. 22. P.

Escalier
10. P.

Court
38. P. ½ 36. P

Chambre
17. P. 15. P. ½

Passage
4. P.

Gardemanger
12. P. ½ 9. P.

Escurie
19. P. 20. P.

Porte cochere
9. P.

Escalier
9. P.

Escalier

Cuisine
17. P. 20. P.

Largeur — 57 — Piedz
Profondeur — 120 — Piedz

Plan du premier EStage

1 2 3 4 thoises

61

第9類型敷地における第3配置の二階

　二階は、まず、厩舎上の間口19ピエ、奥行き20ピエの寝室、間口9ピエ、奥行き15ピエ半の衣裳部屋とその後ろの4ピエの廊下、間口9ピエの階段、および間口17ピエの寝室がある。この寝室の奥に、同じく間口17ピエ、奥行き9ピエの衣裳部屋、そして、間口17ピエ、奥行き16ピエの寝室が続く。寝室の奥に階段があり、さらにその奥が主たる住棟である。主たる住棟には、衣裳部屋を間に挟んで、それぞれ小部屋付きの寝室が2つある。階段につながる最初の寝室は間口18ピエ半、奥行き17ピエ半である。衣裳部屋は間口15ピエ、奥行き17ピエ半である。その寝室と衣裳部屋の後ろ[原文のまま]には、出入りのために幅4ピエの廊下がつけられている(25)。もう一方の主たる寝室は22ピエ四方である。各寝室の隅には、間口8ピエ、奥行き10ピエの小部屋が庭園に突き出している。

訳注：
　(25) 原文では、廊下は寝室と衣裳部屋の「後ろ」（derrière）にあると記されているが、建物全体の正面を基準としてみると、廊下は寝室と衣裳部屋の手前にある。原文で「後ろ」と記されているのは、寝室と衣裳部屋が敷地奥の庭園に向かって窓をもっており、窓の方向をそれらの室の正面と捉えたためであろう。

図中語句：

　　Cabinet 小部屋　　Chambre 寝室　　Court 中庭　　Escallier 階段　　Garderobe 衣裳部屋　　Iardin 庭園　　Lict 寝台
　　Paßage 廊下　　Plan du Second Estage 二階平面　　thoises トワズ

万人のための建築技法

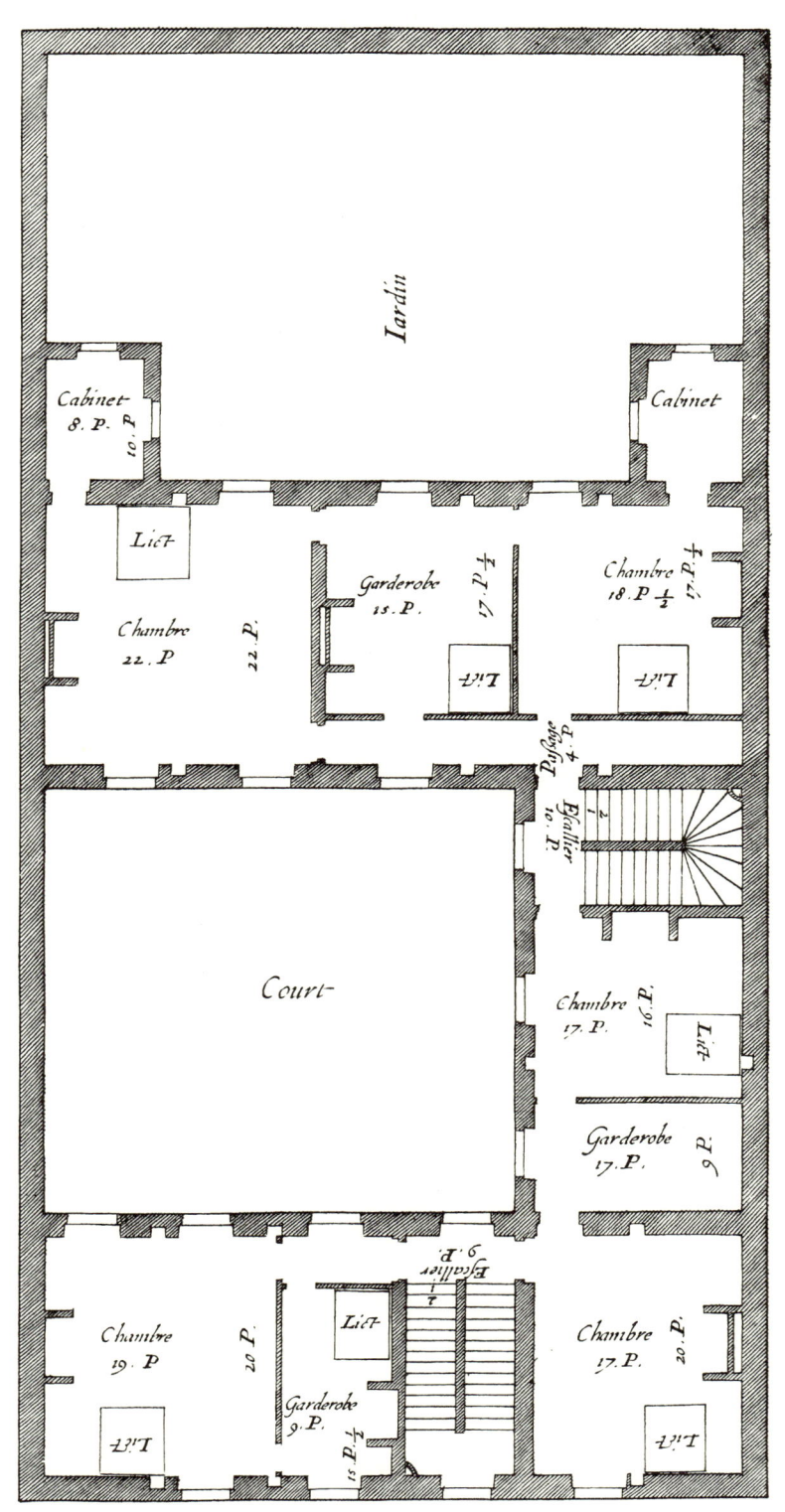

Plan du Second Estage

第9類型敷地における第3配置の手前住棟街路側立面

　敷地手前住棟は、階段を除いて、中庭面と同じ高さにある。一階の階高は床から 15 ピエ、［二階の］床の厚さを含めると 15 ピエ 9 プスである。階段下の床は中庭面よりも 1 ピエ高くなっており、中庭につくられた 2 段を上ってそこに至る。そして残りの 14 ピエ 9 プスの高さを蹴上げ 6 プス 4 リーニュの 28 段で上る。

　二階の階高は 12 ピエ、根太と床の厚さを含めて 12 ピエ 9 プスであり、これを蹴上げ 5 プス半の 28 段で上る。

　三階は屋根裏の寝室である。階高は根太と床の厚さを含めて 10 ピエ 9 プスであり、二階の階段と同じ蹴上げ 5 プス半の 24 段で上る。

図中語句：
　　Face du Logis de deuant　手前住棟街路側立面　　thoises　トワズ

万人のための建築技法

Face du Logis de deuant.

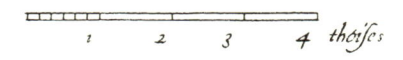

1　2　3　4 *thoises*

第 9 類型敷地における第 3 配置の奥住棟中庭側立面

　敷地奥住棟の床面は、階段につながる［翼棟の］寝室と共に、中庭面より 2 ピエ高くなっており、中庭に設けられた 4 段を上って入る。

　一階の階高は広間の床から根太下までが 13 ピエ、根太と［二階の］床の厚さを含めて 13 ピエ 9 プスである。これを蹴上げ 6 プス 1 リーニュの 27 段で上る。

　二階の階高は根太と床の厚さを含めて 12 ピエ 9 プスであり、これを蹴上げ 5 プス 8 リーニュの 27 段で上る。

　三階の階高は根太と床の厚さを含めて 11 ピエ 9 プスであり、これを二階の階段と同じ蹴上げ 5 プス 8 リーニュの 25 段で上る。

　その上は、根太下 9 ピエから 10 ピエの屋根裏の倉庫または寝室である。

　手前住棟の一階の階高が必要以上に高いように思われるかもしれないが、それには理由がある。すなわち、2 つの住棟の［二階の］床の高さを同じにして、一方から他方へ行くのに上り下りする必要もなく、同じ平面上で移動できるようにするためである。

図中語句：

　　La face du grand Logis du coste de la Court　［奥］大住棟中庭側立面　　Thoize　トワズ

万人のための建築技法

La face du grand Logis du costé de la Court.

1　2　3　4　Thoises

第9類型敷地、同じく間口57ピエ、奥行き120ピエ、における第4配置

　間口57ピエ、奥行き120ピエのこの敷地における第4の配置は、やはり敷地の手前と奥に2つの住棟をもつ。手前住棟は奥行きが22ピエで、間口は敷地いっぱいに広がる。住棟には、間口22ピエ半の2列式の厩舎、9ピエの馬車通路、23ピエ半の台所があり、さらに、台所の奥隣りに間口14ピエ、奥行き17ピエの食糧貯蔵室、そしてその奥に同じく間口14ピエ、奥行き18ピエの階段がある。階段にはバラスターを施した4本の支柱があり、その真中にはおよそ3ピエの採光用空間がつくられている。中庭は間口41ピエ半、奥行き36ピエである。この中庭から4段上って階段下の床に至る。

　奥の主たる住棟は、奥行きおよび間口とも手前住棟と同じであり、それぞれ22ピエおよび57ピエである。この住棟には、間口36ピエの広間、および、間口19ピエ半、奥行き17ピエ半の寝室があり、寝室と階段の間に幅4ピエの廊下がある。廊下の隅には厠が設けられている。庭園の両隅には、広間と寝室から間口10ピエ[原文のまま]の2つの小部屋が突き出している。庭園には、広間または寝室から4段下りて入る。(26)

訳注：
(26) 原文では「間口10ピエ」の2つの小部屋と記されているが、図面ではいずれの小部屋も間口が8ピエ、奥行きが10ピエである。なお、図面では左奥の小部屋と広間の間に出入口が描かれていないが、これは表現上の誤まりと思われる。

図中語句：

　Cabinet 小部屋　　Chambre 寝室　　Court 中庭　　Cuisine 台所　　Escallier 階段　　Escurie 厩舎
　Gardemanger 食糧貯蔵室　　Iardin 庭園　　Largeur 間口　　Paßage 廊下　　Plan du Premier Estage 一階平面
　Porte Cochere 馬車門　　Profondeur 奥行き　　Salle 広間　　thoises トワズ

万人のための建築技法

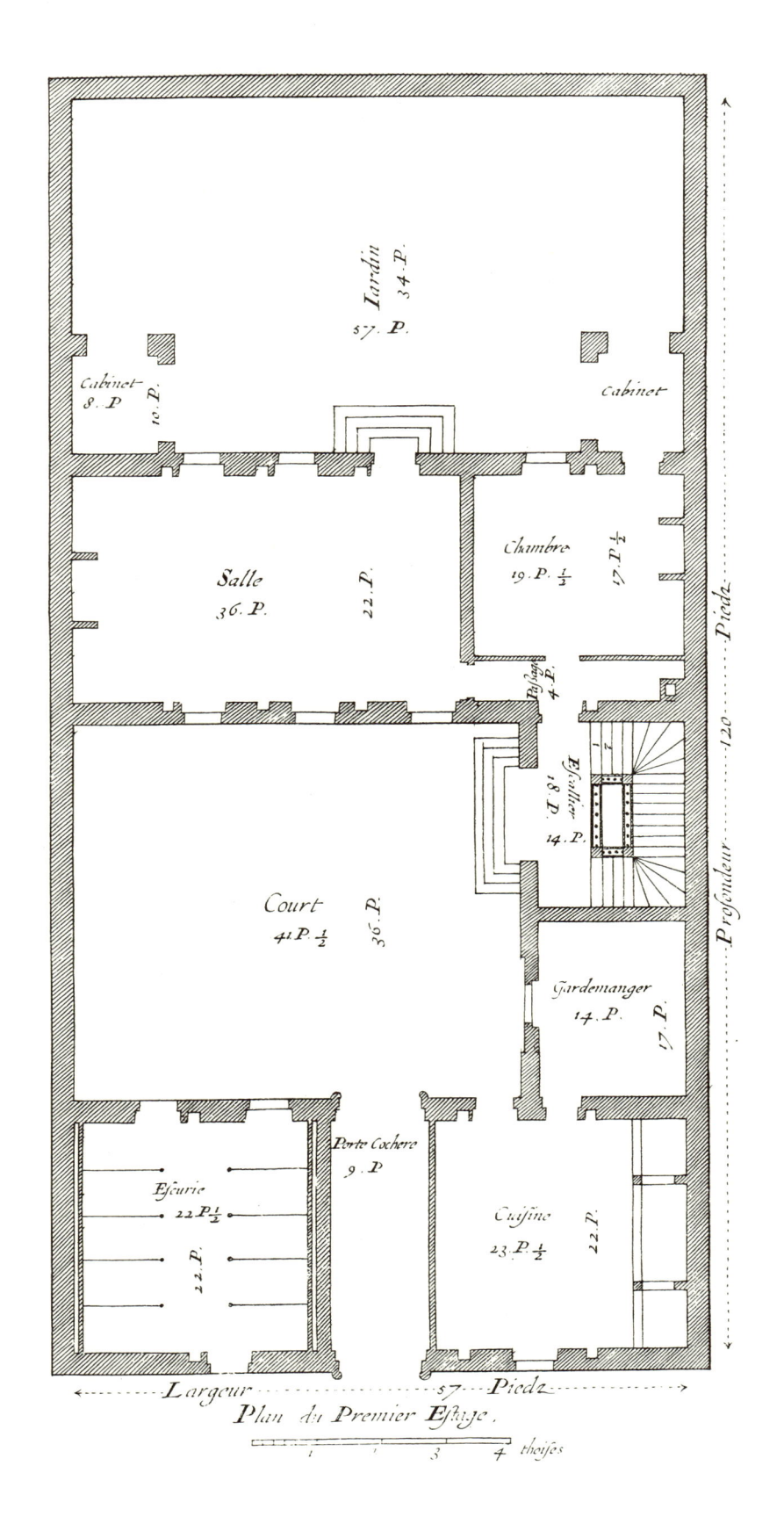

Jardin
57. P.
34. P.

Cabinet
8. P.
10. P.

Cabinet

Salle
36. P.
22. P.

Chambre
19. P. ½
17. P. ½

Passage
4. P.

Escallier
18. P.
14. P.

Court
41. P. ½
36. P.

Gardemanger
14. P.
17. P.

Escurie
22. P. ½
22. P.

Porte Cochere
9. P.

Cuisine
23. P. ½
22. P.

Profondeur 120 Piedz

Largeur 57 Piedz

Plan du Premier Estage.

1 2 3 4 *thoises*

69

第 9 類型敷地における第 4 配置の二階

　二階は、衣裳部屋を挟んで 2 つの寝室がある。厩舎上の第 1 の寝室は間口 22 ピエ半、奥行き 22 ピエである。衣裳部屋は間口が 12 ピエ半であり、奥行きは 4 ピエの廊下があるため 17 ピエ半である。それに続く第 2 の寝室は間口が 20 ピエで、奥行きは衣裳部屋と同じ 17 ピエ半である。食糧貯蔵室の上は玄関室になっており、その間口と奥行きは食糧貯蔵室と同じである。

　奥住棟は、2 つの寝室と衣裳部屋がある。階段に近い第 1 の寝室は、一階の寝室と間口および奥行きが同じである。それに続く広間上の第 2 の寝室は、22 ピエ四方である。衣裳部屋は、奥行きが同じく 22 ピエであり、間口が 14 ピエ半である。第 1 の寝室と衣裳部屋のそれぞれの隅には、一階と同じように庭園に突き出した小部屋がある。

図中語句：

　Cabinet 小部屋　　Chambre 寝室　　Court 中庭　　Garderobe 衣裳部屋　　Iardin 庭園　　Lict 寝台　　Paßage 廊下
　Plan du Second Estage 二階平面　　thoises トワズ　　Vestibulle 玄関室

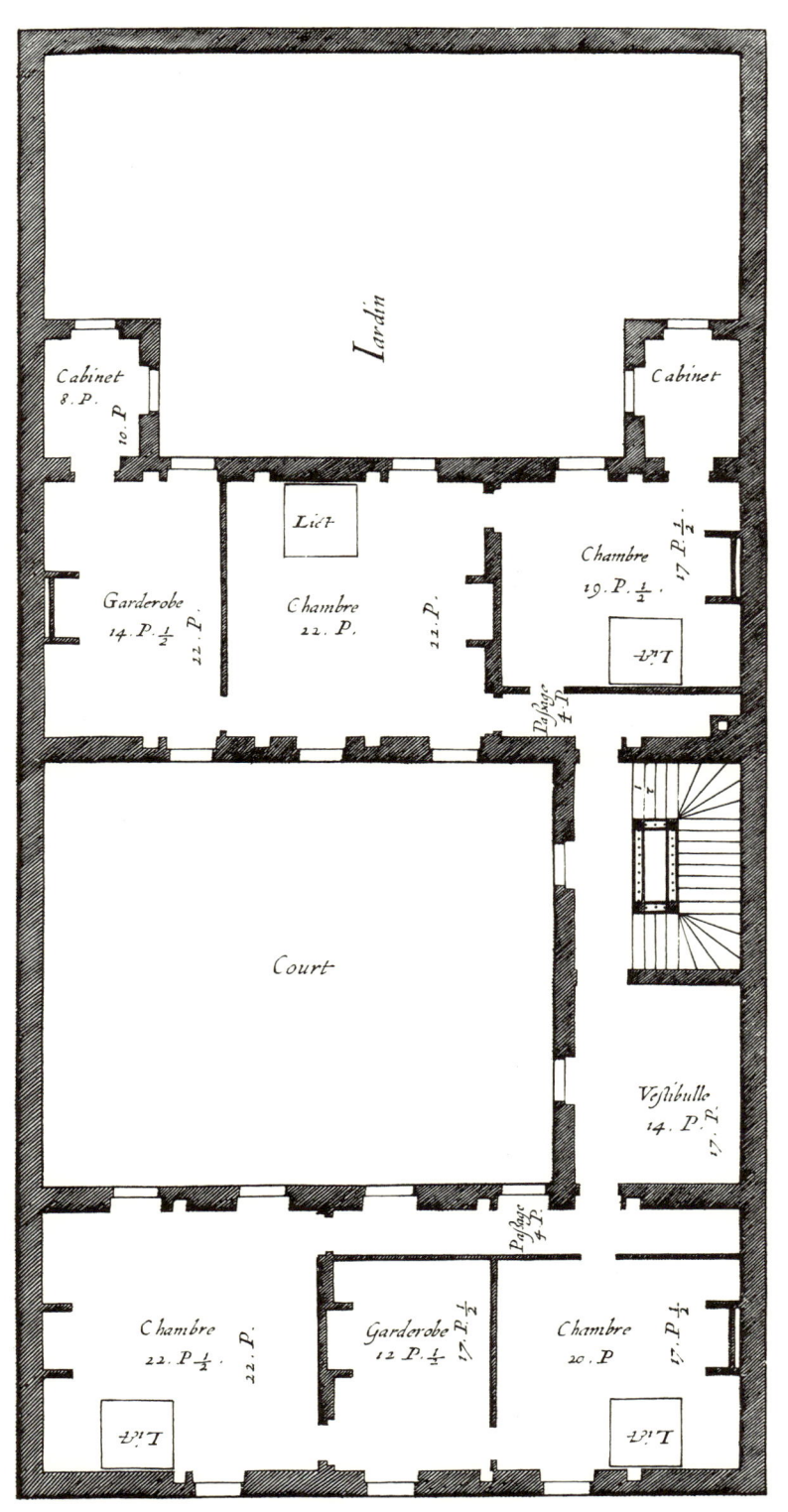

Plan du Second Estage

第9類型敷地における第4配置の手前住棟街路側立面

　敷地手前住棟は中庭面と同じ高さにある。［一階の］階高は15ピエ半、根太と床の厚さを含めて16ピエ3プスであり、これを31段で上る。すなわち中庭につくられた4段で2ピエ上り、残りを蹴上げ6プス4リーニュの27段の階段で上る。

　二階は根太下12ピエ、根太と床の厚さを含めて12ピエ9プスであり、これを蹴上げ5プス8リーニュの27段で上る。

　三階は根太下10ピエ半、根太と床の厚さを含めて11ピエ3プスであり、二階の階段と同じ蹴上げ5プス8リーニュの24段で上る。

　その上は根太下9ピエの屋根裏の寝室であるが、これを倉庫としてもよい。

図中語句：
　　La face du Corps de Logis sur le deuant　手前住棟街路側立面　　Thoizes　トワズ

La face du Corps de Logis
sur le deuant.

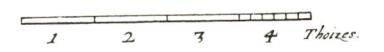

1 2 3 4 *Thoizes.*

第9類型敷地における第4配置の奥住棟中庭側立面

　敷地奥住棟の床面は、階段下の床と共に、中庭面より2ピエ高くなっており、中庭に設けられた4段を上って入る。

　一階の階高は床から根太下まで13ピエ半、根太と［二階の］床の厚さを含めて14ピエ3プスである。これを蹴上げ6プス4リーニュの27段で上る。

　二階は根太下12ピエ、根太と床の厚さを含めて12ピエ9プスであり、これを蹴上げ5プス8リーニュの27段で上る。

　三階は根太下10ピエ半、根太と床の厚さを含めて11ピエ3プスであり、これを二階の階段と同じ蹴上げ5プス8リーニュの24段で上る。

　その上は屋根裏の倉庫または寝室であり、根太下の高さは9ピエである。

図中語句：

La face du grand Logis du coste de la Court　［奥］大住棟中庭側立面　　Thoizes　トワズ

万人のための建築技法

La face du grand Logis
du coste de la Court.

1   2   3   4   Thoises.

第9類型敷地、同じく間口57ピエ、奥行き120ピエ、における第5配置

　間口57ピエ、奥行き120ピエのこの敷地における第5の配置もまた、2つの住棟をもつ。奥行きが20ピエで、敷地間口いっぱいに広がる手前住棟には、間口13ピエの厩舎がある。厩舎の隅には馬車格納庫があり、その後ろは［馬丁用の］寝台を置く場所とする。厩舎の隣りに間口9ピエの馬車通路、そしてその隣りに間口23ピエの台所がある。台所の隅には、外に半分はみだした格好で10ピエ四方の螺旋階段があり、その隅に厠がある。

　中庭は奥行きが39ピエあり、敷地間口いっぱいに広がる。中庭から6段上ったテラスの中央に16ピエ四方の階段があり、テラスはこの階段によって、間口19ピエ、奥行き17ピエの左右2つの部分に分けられている。階段の真中には広間に通じる通路がある。

　テラスに続く奥住棟は、奥行きが22ピエあり、広間と寝室から成る。広間は間口36ピエ、寝室は間口20ピエである。庭園の両隅には、広間と寝室から奥行き12ピエの2つの小部屋が突き出している。この住棟より奥の敷地全体が庭園となる。

図中語句：

Angard pour mettre le Carroße 馬車格納庫　　Cabinet 小部屋　　Chambre 寝室　　Court 中庭　　Cuisine 台所　　Escallier 階段　　Escurie 厩舎　　Iardin 庭園　　Largeur 間口　　Paßage 通路　　Plan du Premier Estage 一階平面　　Porte cochere 馬車門　　Salle 広間　　Terraße テラス　　thoises トワズ

万人のための建築技法

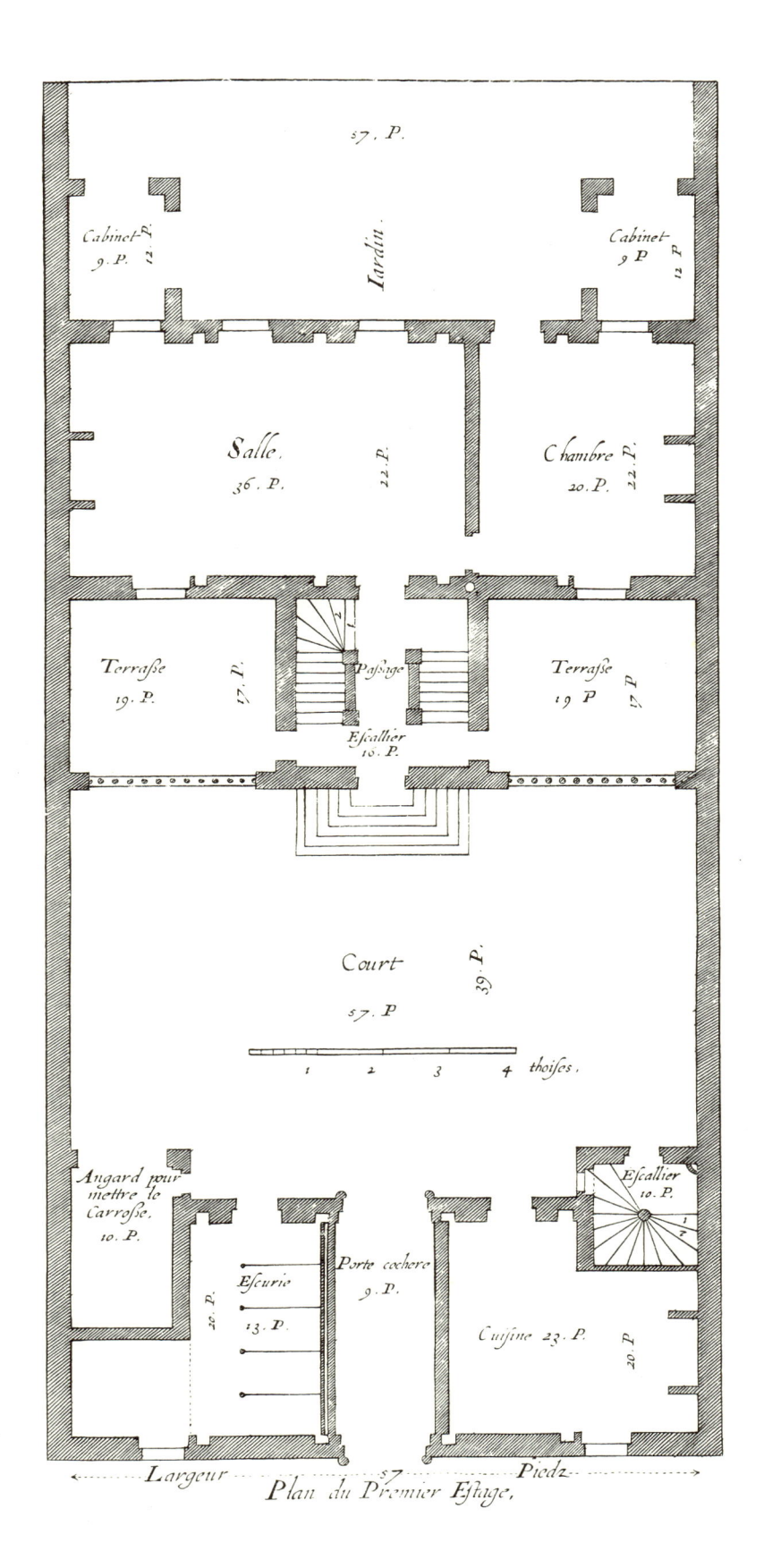

Cabinet 9. P. 12. P.	Cabinet 9 P 12 P

Jardin

57. P.

Salle 36. P. 22. P.

Chambre 20. P. 22. P.

Terrasse 19. P. 17. P.

Passage

Terrasse 19 P 17 P

Escallier 10. P.

Court 57. P. 39. P.

1 2 3 4 thoises.

Angard pour mettre le Carrosse. 10. P.

Escurie 20. P. 13. P.

Porte cochere 9. P.

Cuisine 23. P. 20. P.

Escallier 10. P.

← Largeur — 57 — Piedz →

Plan du Premier Estage.

77

第9類型敷地における第5配置の二階

　手前住棟の二階には、2つの寝室、衣裳部屋および小部屋がある。台所の上の第1の寝室は、間口は台所と同じ23ピエであるが、奥行きは階段と廊下があるため15ピエ半となる。第2の寝室は間口22ピエ、奥行き20ピエである。衣裳部屋は間口10ピエ半であり、小部屋は10ピエ四方である。(27)

　奥住棟は、衣裳部屋を挟んで2つの寝室がある。広間の上の第1の寝室は22ピエ四方である。衣裳部屋は間口が13ピエ半であり、奥行きは手前に幅4ピエの廊下があるため17ピエ半である。第2の寝室は間口が20ピエで、奥行きは住棟の奥行きと同じである。それら2つの寝室は前に述べたようにそれぞれ庭園に突き出した小部屋をもつ。

訳注：
（27）図面の手前住棟の衣裳部屋に出入口が描かれていないが、これは表現上の誤まりであろう。

図中語句：
　　Cabinet 小部屋　　Chambre 寝室　　Court 中庭　　Garderobe 衣裳部屋　　Iardin 庭園　　Lict 寝台　　Paßage 廊下
　　Plan dn Second Estage 二階平面　　thoises トワズ

万人のための建築技法

Cabinet　　　Iardin　　　Cabinet

Lict　　　　　　　　　　Lict

Chambre　Garderobe　Chambre
22. P.　　13. P. ½　　20. P.
22. P.　　17. P. ¼　　22. P.

Passage
4. P.

1　2　3　4 thoises

Court

Cabinet
10. P.
10. P.

Garderobe　Chambre　Passage　Chambre
10. P. ½　22. P.　 4. P.　 23. P.
　　　　　20. P.　　　　　15. P. ½

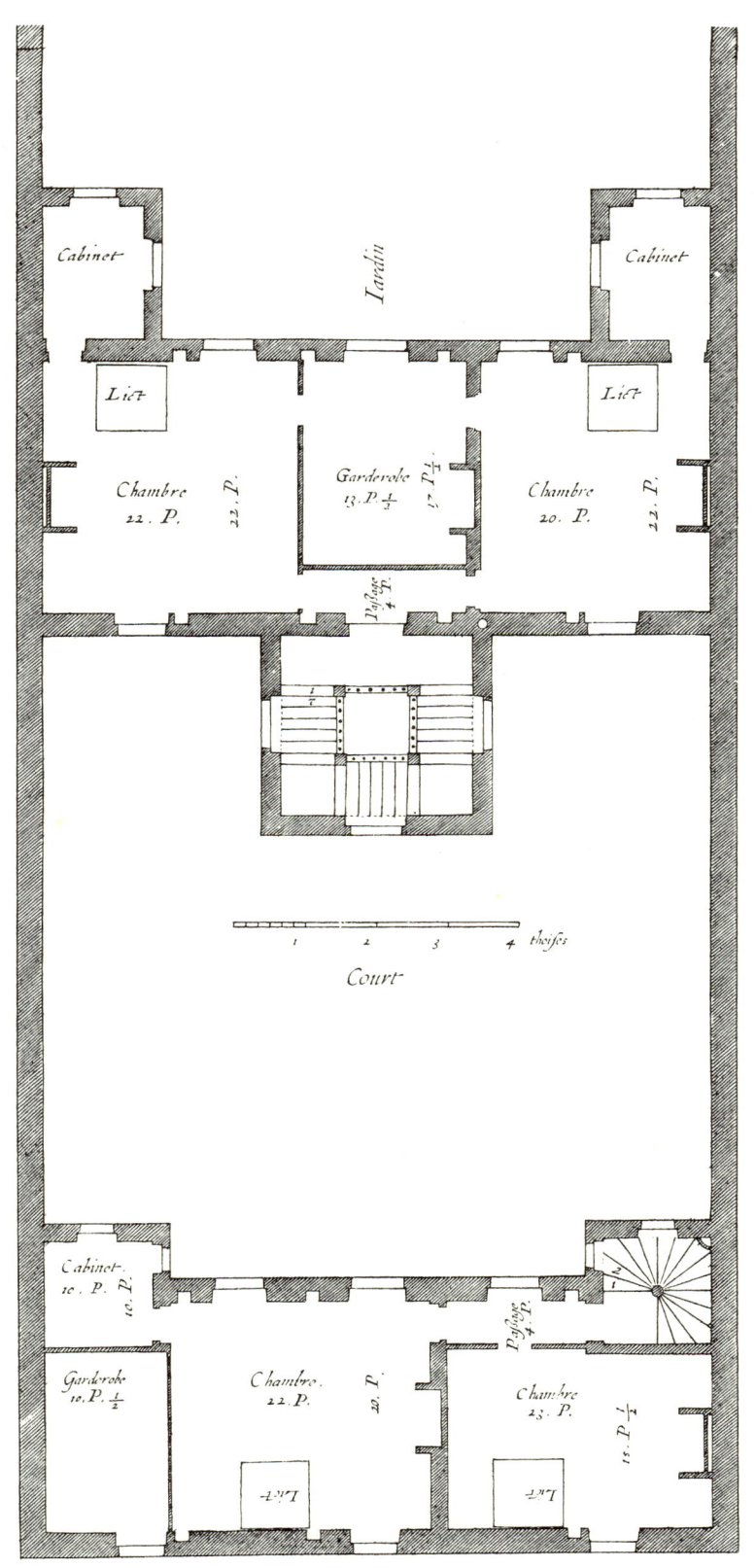

Lict　　　　　　　　　Lict

Plan du Second Estage

第9類型敷地における第5配置の手前住棟街路側立面

　敷地手前住棟は中庭面と同じ高さにある。［一階の］階高は床からの根太下までが12ピエ、根太と［二階の］床の厚さを含めて12ピエ9プスである。これを、蹴上げ6プス1リーニュの25段の回り階段を一まわりと4分の1回って上る。

　二階は根太下11ピエ、根太と床の厚さを含めて11ピエ9プスであり、これを蹴上げ5プス8リーニュの25段で上る。

　三階は二階と同じ高さであり、階段の割り付けも同じである。

　その上は、前の配置の場合と同じような屋根裏の倉庫または寝室である。

図中語句：

　　Face du corps de Logis sur le deuant　手前住棟街路側立面　　Thoizes　トワズ

Face du corps de Logis
sur le deuant

1 2 3 4 Thoizes

第9類型敷地における第5配置の奥住棟中庭側立面

　テラスは中庭面より3ピエ高くなっており、蹴上げ6プスの6段で上る。

　奥住棟の床面はテラスと同じ高さである。［一階の］階高は根太下が14ピエ、根太と床の厚さを含めて14ピエ9プスである。これを蹴上げ6プス4リーニュの28段で上る。

　二階は根太下13ピエ、根太と床の厚さを含めて13ピエ9プスである。これを一階と同様に28段で上るので、蹴上げは5プス11リーニュになる。

　三階は根太下10ピエ、根太と床の厚さを含めて10ピエ9プスであり、これを二階の階段と同じ蹴上げ5プス5リーニュの24段で上る。

　その上は屋根裏の倉庫または寝室である。

　図中語句：
　　　La face du grand Logis du coste de la Court　［奥］大住棟中庭側立面　　　Thoises　トワズ

万人のための建築技法

La face du grand Logis
du costé de la Court.

1　2　3　4 Thises.

第 10 類型敷地、間口 72 ピエ、奥行き 74 ピエ、における配置(28)

　この類型敷地は、手前から奥に向かって、中庭、住棟、庭園の順で配置する。中庭の両側には住棟から突き出す形で、一方には厩舎と馬車格納庫が、他方には台所と食糧貯蔵室がある。いずれも間口は 15 ピエであり、奥行きは厩舎と台所が 19 ピエ、馬車格納庫と食糧貯蔵室が 8 ピエである。中庭は間口 39 ピエ、奥行き 27 ピエである。中庭から 4 段上って住棟に入る。住棟は奥行き 22 ピエ、間口 72 ピエであり、階段を挟んで広間と寝室がある。間口はそれぞれ、広間が 36 ピエ、階段が 10 ピエ、寝室が 23 ピエである。広間と寝室から庭園の中に 2 つの小さな歩廊が延びている。歩廊はいずれも間口が 10 ピエ、奥行きが庭園と同じ 21 ピエである。庭園の間口は 49 ピエである。庭園に入るには、階段脇の通路で 2 段、庭園の中で 2 段、合わせて 4 段下りる。すなわち、中庭から住棟に入る時に上る 4 段と同じ数の段を下りて庭園に入ることになる。そのようにすれば庭園の出入り戸に適当な空き高を与えることができる。厠は階段の壁の中につくられている。

訳注：
(28) 原文は「第 2 類型敷地」（deuxième place）となっているが、これは明らかに「第 10 類型敷地」（dixième place）の誤りと見られるので、訳はそのようにしてある。

図中語句：

Angard pour le Caroce　馬車格納庫　　Chambre　寝室　　Cour　中庭　　Cuisine　台所　　Escurie　厩舎　　Gallerie　歩廊
Gardemanger　食糧貯蔵室　　Largeur　間口　　Iardin　庭園　　Piedz　ピエ　　Plan du premier Estage　一階平面
Profondeur　奥行き　　Salle　広間　　Thoises　トワズ

万人のための建築技法

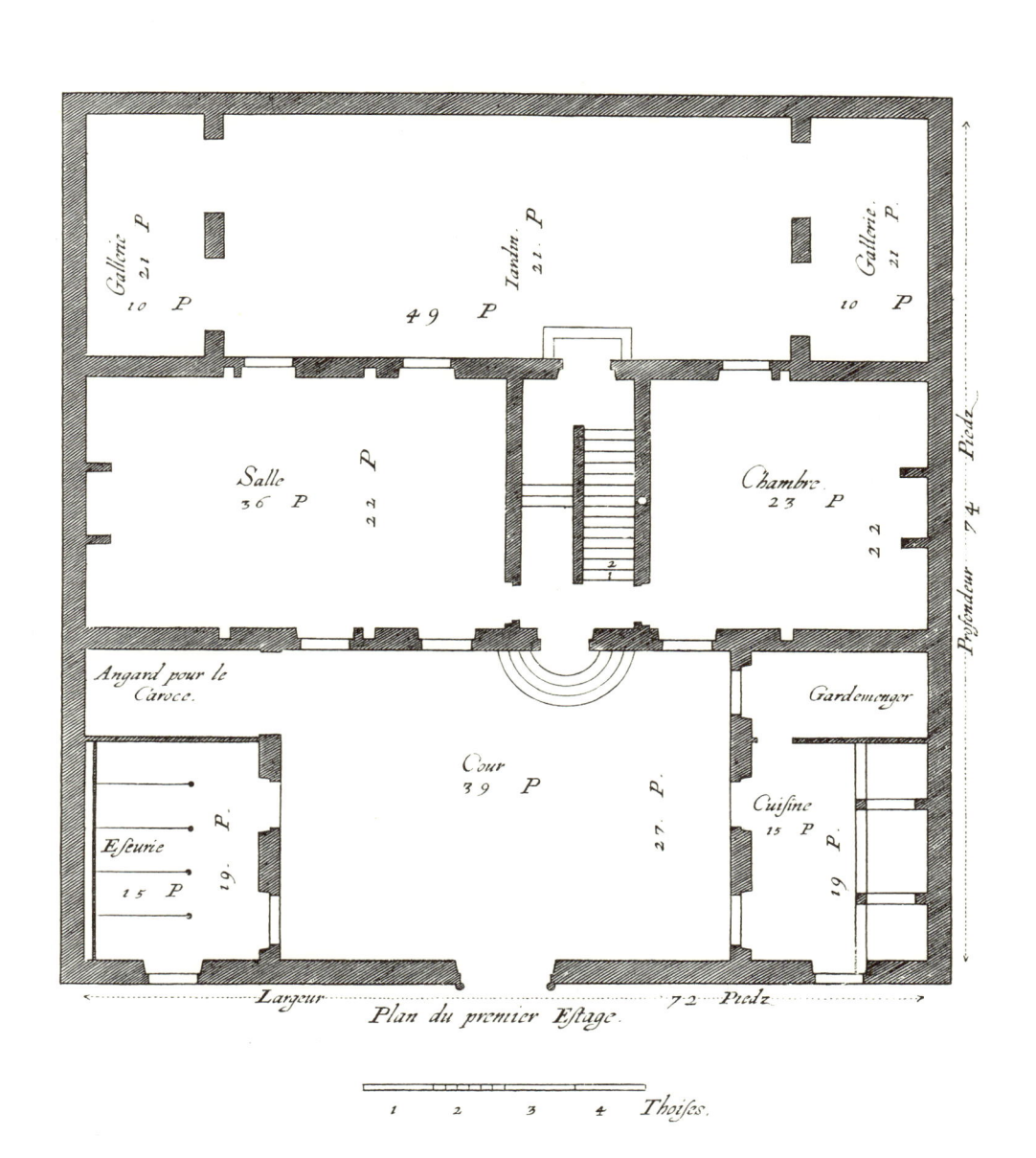

Plan du premier Estage.

85

第10類型敷地における配置の二階

　二階は、厩舎と台所の上に一つずつ寝室がある。いずれも間口15ピエ、奥行き27ピエである。主たる住棟には2つの寝室と衣裳部屋がある。広間上の第1の寝室は、間口が24ピエ、奥行が22ピエである。その隣りの衣裳部屋は、間口が12ピエで、奥行きは手前に幅4ピエの廊下があるため17ピエ半である。衣裳部屋の隣りが階段であり、階段の隣りに、第1の寝室と間口および奥行きが同じ第2の寝室がある。[29] 2つの寝室の奥には、一階の歩廊と間口および奥行きが同じ小部屋がある。それらの小部屋には、暖炉を取り付けてもよい。

訳注：
(29) 原文では2つの寝室の寸法は同じと記されているが、図面上では階段の隣りの第2の寝室は第1の寝室よりも間口が1ピエ小さく、23ピエである。

図中語句：

Cabinet　小部屋　　Chambre　寝室　　Garderobe　衣裳部屋　　Lict　寝台　　Passage　廊下　　Plan du second Estage　二階平面
Thoizes　トワズ

万人のための建築技法

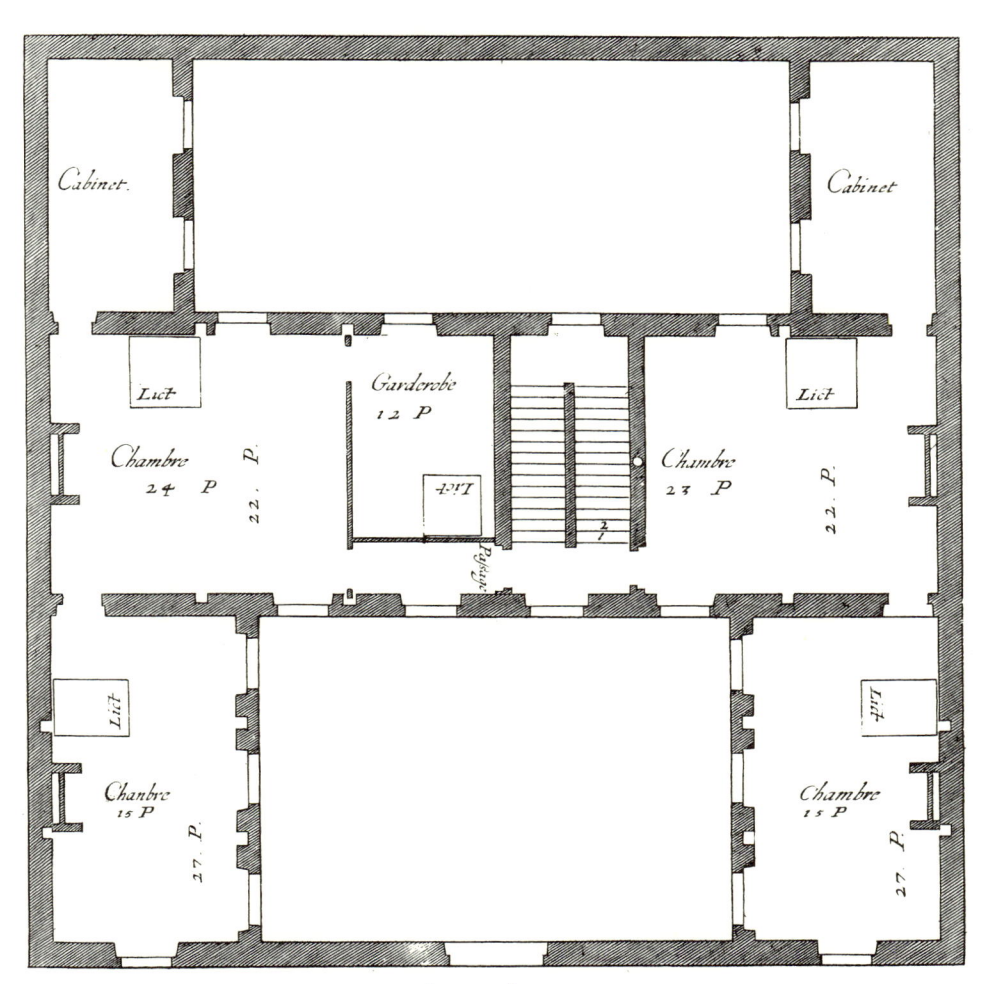

Plan du second Estage.

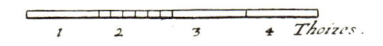

1 2 3 4 Thoises.

第10類型敷地の住棟の中庭側立面と翼棟街路側立面

　厩舎と台所の床は中庭面と同じ高さであるが、住棟の床は中庭面より2ピエ高くなっており、中庭につくられた4段を上って入る。

　一階の階高は根太下13ピエ、根太と床の厚さを含めて13ピエ9プスである。これを蹴上げ5プス半の30段で上る。

　二階の階高は根太と床の厚さを含めて12ピエ9プスである。これを一階と同じ蹴上げ5プス半の28段で上る。

　三階の階高は根太と床の厚さを含めて11ピエ9プスであり、これを同じ蹴上げ5プス半の26段で上る。

　その上は屋根裏の倉庫としてもよい。

図中語句：
　Face du coste de la Court auec les deux Pauillons sur le deuant　手前左右にパヴィリオンのある中庭側立面　　Thoizes　トワズ

Face du costé de la Court auec les deux
Pauillons sur le deuant

1   2   3   4   Thoizes.

第11類型敷地、間口72ピエ、奥行き112ピエ、における庭園を省いてみた配置

　この類型敷地では、以下に見るように、間口方向および奥行き方向に適当な要素を付け加えながら、第9類型敷地と同じ5通りの配置方法をとることができる。
　敷地の手前と奥に歩廊で結ばれた2つの住棟があり、その間に中庭がある。
　手前住棟は奥行きが20ピエである。その間口は、18ピエの厩舎、9ピエの階段、11ピエの馬車格納庫、9ピエの馬車門、8ピエの第2の馬車格納庫、および11ピエ半の第2の厩舎に分割されている。
　左手の第1厩舎の奥に、手前住棟と奥住棟をつなぐ第3の住棟があり、その間口幅は厩舎と同じ18ピエである。この住棟には、手前住棟の厩舎の奥に続く18ピエ四方の寝室と、奥住棟につながる間口18ピエ、奥行き24ピエの寝室があり、それらの寝室の間に、奥行き11ピエの2つの衣裳部屋がある。中庭は間口52ピエ、奥行き48ピエである。
　中庭に続いて、奥の主たる住棟の手前に、中庭と同じ間口の奥行き15ピエのテラスがある。テラスに続いて、奥行き22ピエ、間口が敷地と同じ72ピエの主たる住棟がある。主たる住棟は、左から広間、階段、寝室と続く。間口は、広間が38ピエ半、階段が12ピエ、寝室が18ピエ半である。この住棟の床下は配膳室になっており、その階高の半分は中庭面より上に、半分は中庭面より下にある。

図中語句：

Chambre 寝室　　Cour 中庭　　Engard pour le caroce 馬車格納庫　　Escallier 階段　　Escurie 厩舎　　Garderobe 衣裳部屋　　Iardin 庭園　　Largeur 間口　　Piedz ピエ　　Plan du premier estage 一階平面　　Porte cochere 馬車門　　Profondeur 奥行き　　Salle 広間　　Terrasse テラス　　Thoizes トワズ

万人のための建築技法

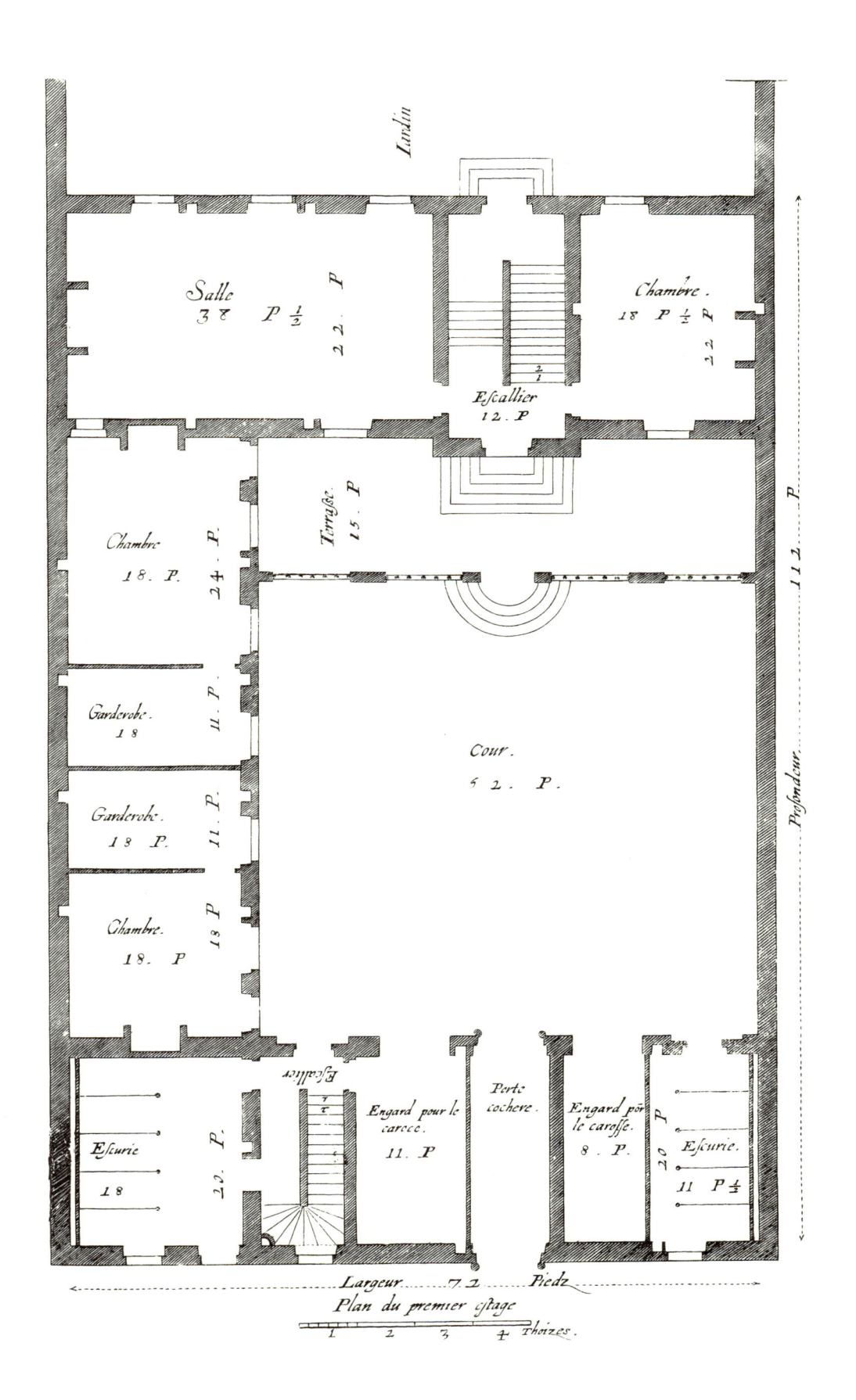

Jardin

Salle
38 P ½   22. P

Chambre.
18 P ¼
22.

Escallier
12. P

Chambre
18. P   24. P

Terrasse.
15. P

Garderobe.
18   11. P

Garderobe.
18 P   11. P

Cour.
52. P

Chambre.
18. P   13 P

Profondeur 112. P

Escurie
18   22. P

Escallier

Engard pour le carosse.
11. P

Porte cochere.

Engard pour le carosse.
8. P

Escurie.
11 P ¼   20 P

Largeur 72 Piedz

Plan du premier estage

1 2 3 4 Thoizes.

91

第 11 類型敷地における前記の配置の二階

　敷地手前住棟の二階には、第 1 厩舎の上の寝室、階段、そしてその他に 2 つの寝室がある。第 1 の寝室は間口が 18 ピエであり、第 2 および第 3 の寝室はともに 20 ピエ四方である。第 1 の寝室の奥には、間口 18 ピエ、奥行 64 ピエの歩廊が続く。

　主たる住棟の二階には、小部屋、広間上の寝室、階段、そしてもう一つの寝室がある。小部屋は間口が 16 ピエ半で、奥行きが 22 ピエ、最初の寝室は 22 ピエ四方、そしてもう一つの寝室は間口が 18 ピエ半である。

図中語句：

　　Cabinet 小部屋　　Chambre 寝室　　Escallier 階段　　Gallerie 歩廊　　Lict 寝台　　Plan du Second Estage 二階平面
　　Thoizes トワズ

万人のための建築技法

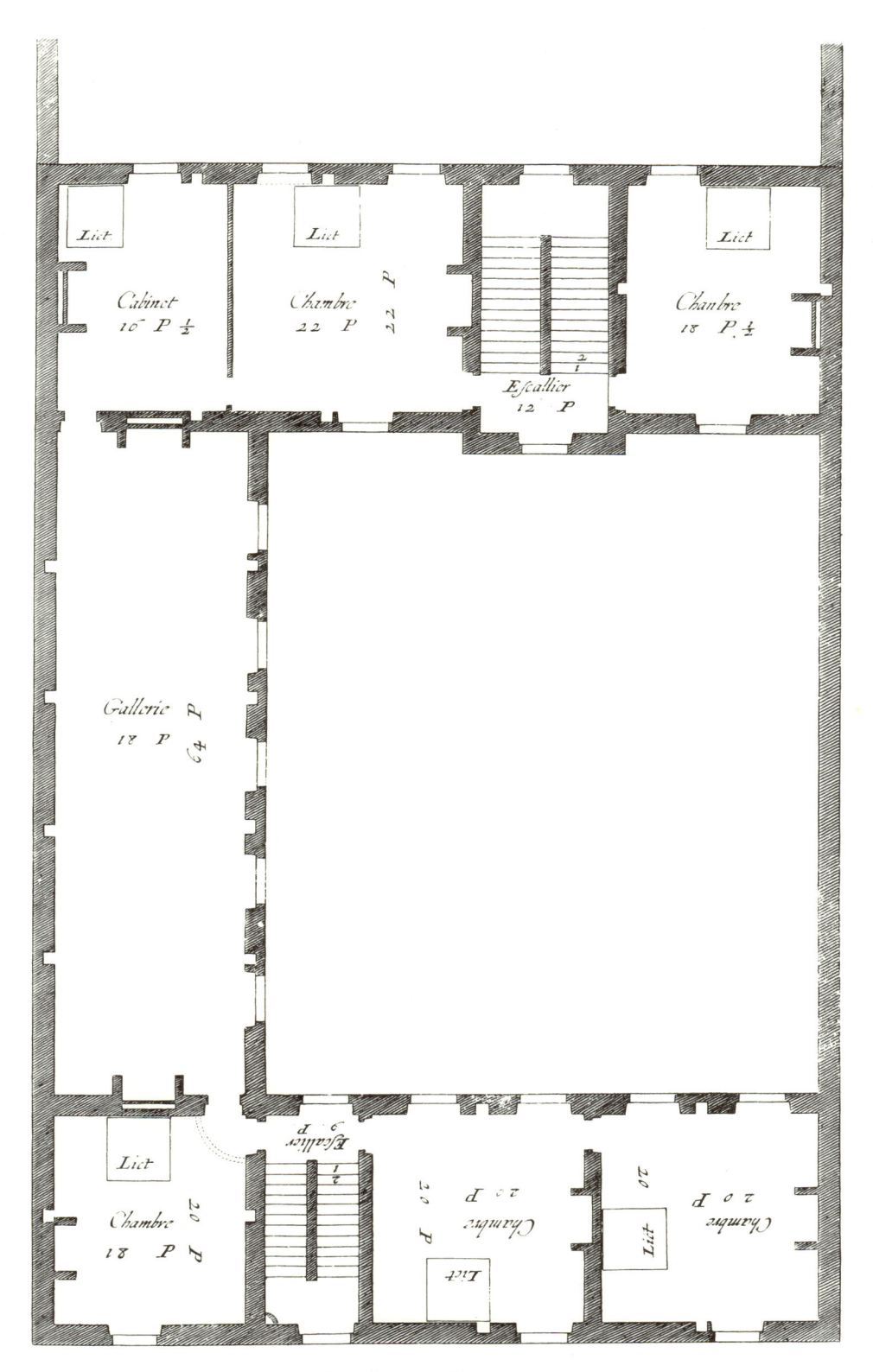

Plan du second Estage.

93

第11類型敷地の手前住棟街路側立面

　敷地手前住棟および左翼棟の最初の寝室と衣裳部屋の床は中庭面と同じ高さにある。一階は根太下の高さが18ピエ半あり、門の左手の居室部分では、その階高の中で中二階がつくられている。一階の床から中二階の根太下までの高さは10ピエ、根太と床の厚さを含めた高さは10ピエ9プスであり、これを蹴上げ6プス2リーニュの21段で上る。中二階の床から根太下までの高さは7ピエ9プス、根太と［二階の］床の厚さを含めた高さは8ピエ半である。これを蹴上げ6プスの17段で上る。

　二階は根太下12ピエ、根太と床の厚さを含めて12ピエ9プスである。これを蹴上げ6プス4リーニュ半の24段で上る。

　その上は屋根裏の倉庫または寝室であり、高さは根太下9ピエから10ピエである。

図中語句：
Face du Corps de logis de deuant　手前住棟街路側立面　　Thoises　トワズ

Face du Corps de logis de deuant

1　2　3　4 *Thoises*.

第11類型敷地の主たる住棟中庭側立面

　テラスおよびそれに隣接する寝室と衣裳部屋は中庭面より2ピエ高くなっており、中庭から4段上って入る。主たる住棟の床面はテラスよりさらに2ピエ半高くなっていて、テラスから蹴上げ6プスの5段を上って入る。従って、主たる住棟の床面は中庭面より4ピエ半高く、そのうちの9プスが根太と床の厚さなので、床根太下は3ピエ9プスになる。しかし、一階床根太下の配膳室の高さは9ピエであるから、中庭面より下に5ピエ3プスの高さをとる。一階床から配膳室までは9ピエ9プス下がらなければならない。これは丁度蹴上げ6プス2リーニュの19段で下りることができる。19段のうち5段は庭園に続く通路の中に設ける。そのようにすれば、庭園の出入り戸に適当な空き高を与えることができる。残りの14段は通路右手の階段の登りの下に設ける。中庭面と同じ高さにある庭園に下りるには4段下がる。

　一階の階高は根太下14ピエ、根太と床の厚さを含めて14ピエ9プスである。これを蹴上げ6プス4リーニュの28段で上る。

　二階は根太と床の厚さを含めて13ピエ9プスである。これを一階と同様に28段で上るので、蹴上げは5プス11リーニュになる。

　三階は根太下11ピエである。

　その上は屋根裏の倉庫である。

図中語句：
　　La face du grand Logis du coste de la Cour ［主たる］大住棟中庭側立面　　Thoises　トワズ

万人のための建築技法

La face du grand Logis du coste de la Cour.

1　2　3　4　*Thóses.*

第 12 類型敷地における配置
間口 70 ピエ、奥行き 36 ピエの奥行き方向二室配列のパヴィリオン

　このパヴィリオンは、正面左手の寝室、階段、三面開口の広間、階段後部の玄関室、および、寝室につながる衣裳部屋から成る。寝室は 22 ピエ四方である。階段は間口 22 ピエ、奥行き 19 ピエで、真中に幅 6 ピエの廊下が通っている。広間は間口が 22 ピエ、奥行きは建物の奥行きと同じ 36 ピエである。玄関室は階段と同じ間口幅があり、奥行きは 18 ピエである。衣裳部屋は奥行きが 13 ピエ半で、間口は寝室と同じである。

　高さに関しては、建物床面は外の面よりも 3 ピエ高くなっており、正面または裏面から 6 段上って入る。[一階の] 床から根太下までは 14 ピエ、根太と [二階の] 床の厚さを含めると 14 ピエ 9 プスである。これを蹴上げ 5 プス 11 リーニュの 30 段で上る。
　二階の階高は根太と床の厚さを含めて 13 ピエ 9 プスであり、蹴上げ 5 プス半の 30 段で上る。
　三階は根太下 12 ピエである。

図中語句：

　　Chambre　寝室　　　Eleuation de la face du Corps de Logis　住棟正面　　　Escallier　階段　　　Garderobe　衣裳部屋
　　Lict　寝台　　　Passage　通路　　　Plan du premier Estage　一階平面　　　Salle　広間　　　Thoises　トワズ　　　Vestibulle　玄関室

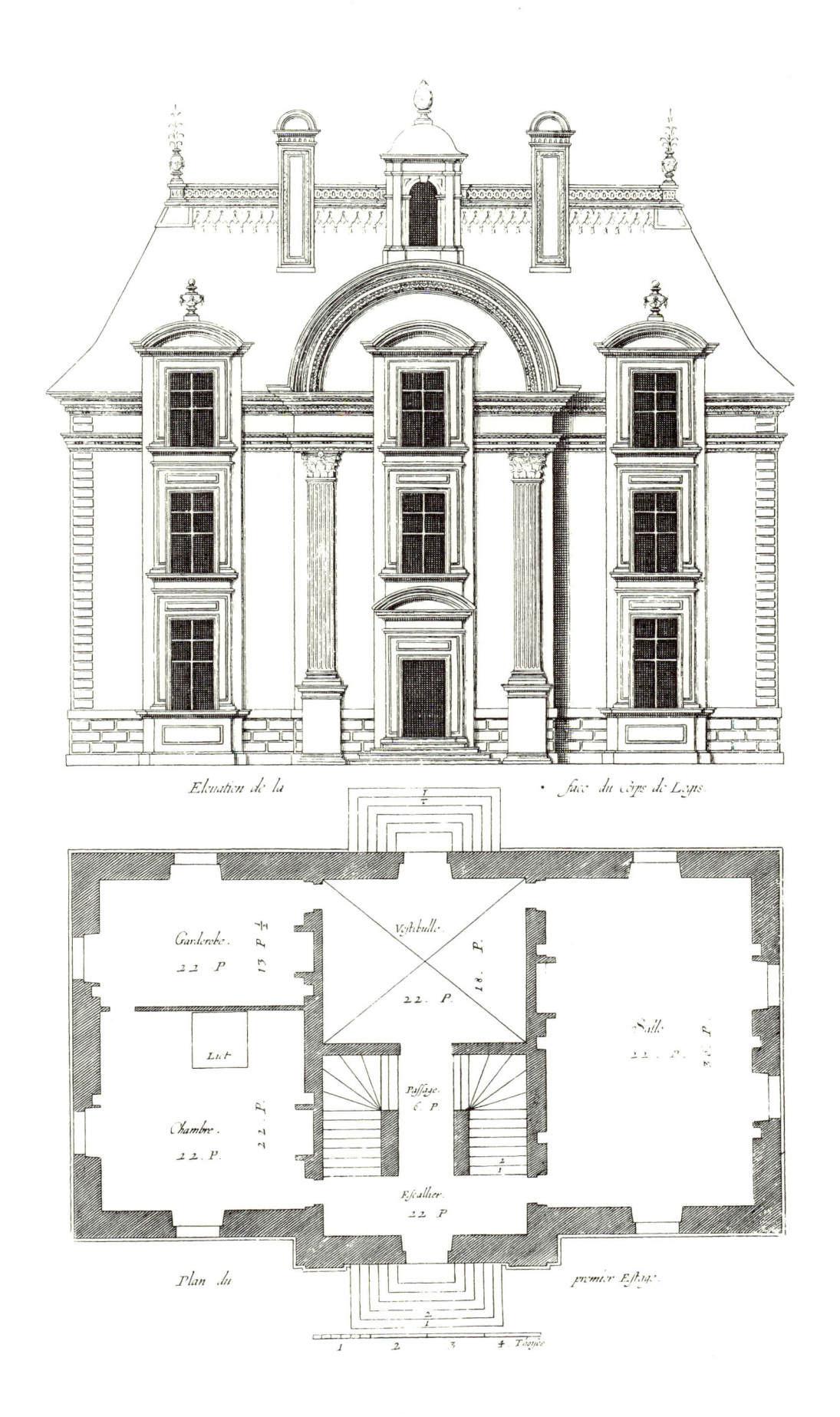

Elevation de la face du Corps de Logis.

Plan du premier Estage.

第13類型敷地、間口101ピエ、奥行き45ピエ、における配置
左右二つのパヴィリオンをもつ住棟

　この住棟は左右のパヴィリオンと中央の広間から成る。各パヴィリオンは、奥に寝室、手前に衣裳部屋と階段がある。衣裳部屋は間口13ピエ、奥行き20ピエである。階段は間口が10ピエで、奥行きは衣裳部屋と同じ20ピエである。寝室は24ピエ四方、広間は間口48ピエ、奥行き24ピエである。広間の前には、奥行きが14ピエで間口が広間と同じ48ピエのテラスがある。パヴィリオンと広間の下は配膳室である。
　二階の配置は一階と全く同じであるが、一階広間の上を2つの寝室と衣裳部屋にしてもよい。

　高さに関しては、配膳室の床面は外の面と同じ高さにあり、テラスの下からそのまま入る。配膳室は根太下の高さが9ピエである。従って、一階床面は外の面より9ピエ9プス高くなっており、テラス前の回り階段で上がる。階段は左右とも蹴上げ6プス2リーニュの17段であり、それを上ってテラス面に至る。そこからさらに同じ蹴上げの2段を上って、広間もしくは両側のパヴィリオン内の階段に至る。合わせて19段で、ちょうど9ピエ9プスを上ることになる。配膳室からも、蹴上げ6プス11リーニュの17段でパヴィリオン内の階段まで上ることができる。
　一階の階高は根太と床の厚さを含めて14ピエ9プスである。これを、蹴上げ5プス4リーニュ33段の全折れ階段で上る。広間の上は高さ10ピエから11ピエの寝室である。
　パヴィリオンの二階は根太と床の厚さを含めて13ピエ9プスであり、蹴上げ5プスの33段で上る。
　その上は屋根裏の倉庫または寝室である。

　　図中語句（102-103頁）：
　　　Chambre 寝室　　Escallier 階段　　Garderobe 衣裳部屋　　La face du Logis 住棟正面　　Salle 広間　　Terasse テラス
　　　thoises トワズ

La face du Louvre

万人のための建築技法

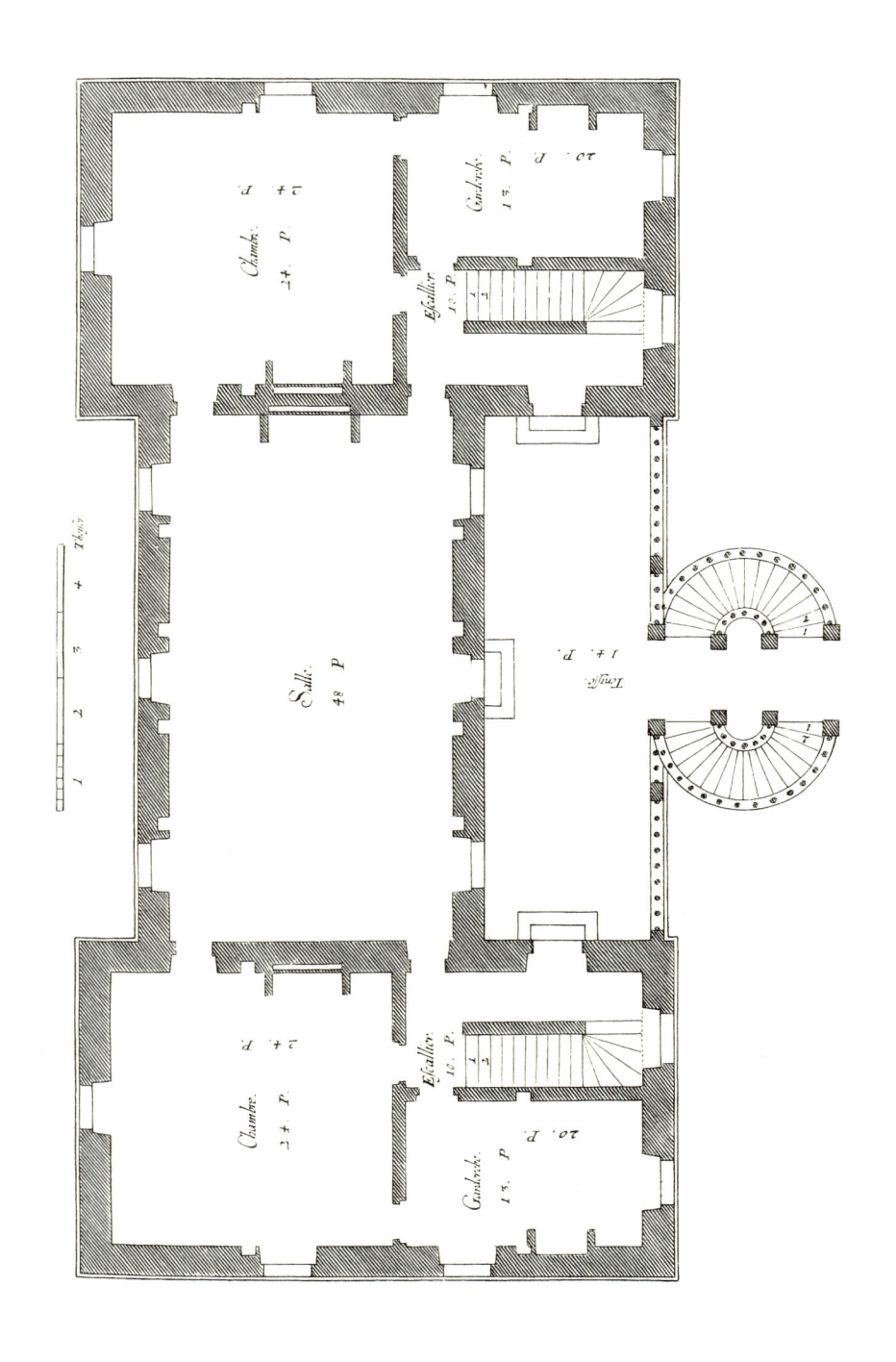

木骨造建物

　これまで組積造建物について十分に述べてきたので、ここで木骨造建物にも触れておく必要があるだろう。木骨造建物は、それが一般化している場合のほか、敷地が狭小であるためそれ以外の選択肢がない場合においても建設される。建物の骨組みは、土台の腐食を避けるために、地面から2ピエもしくは2ピエ半の高さの石積みの上に置く。土台は石積みの上に1プスから1プス半後退させて置き、石積みは、戸あたり部分を切石や当て木などで補強する。隣接する建物との境界にある通し柱は、土台梁の端に半プス後退させて接合する。通し柱の幅と厚さは、ほかの柱の2倍とするのが妥当である。通し柱には第2、第3および第4の梁を接合し、第2と第3の梁は床の部分に置く。それらの梁には、戸口と窓の縦枠のほか、筋交いと管柱、そしてさらに交差筋交いをほぞで接合する。窓の縦枠の下に窓台を、上にまぐさを接合する。窓台とその下の梁には窓下束と小さな筋交いを、そして、まぐさとその上の梁には3つの小さな吊束を、それぞれほぞで接合する。窓と窓の間の構造は次の3通りとする。すなわち、管柱の両側に筋交いを配する構造、交差筋交いの両側に管柱を配する構造、または筋交いと間柱の両側に管柱を配する構造のいずれかである。戸枠の上では3つの束をまぐさに接合する［原文のまま］[30]。エンタブラチャーの上は、以下のような、瓦またはスレート葺き屋根の切妻とする。切妻は2本の合掌の上に垂木をのせてつくる。合掌の下部はエンタブラチャーの陸梁に、上部は真束に接合する。真束の中ほどの位置で二重梁を合掌に接合する。二重梁とその下の陸梁には、窓の縦枠と前述のような窓間の部材を接合する。二重梁の上には、2本の方杖のほか間柱を接合する。切妻および軸組みから2ピエもしくは2ピエ半張り出させたかまぼこ小屋は、下から渦形持ち送りで補強した3本の出し桁とつなぎ貫で支持する。

　軸組みに雨樋をつける場合は、窓間の壁材の代わりに支柱を取り付けて内側からはり間に直角に渦形持ち送りをつけ、その支柱に梁を乗せるようにする。

訳注：
　（30）戸枠の上の構造に関するこの部分の記述内容は図面と一致していない。

図中語句：
　1 梁　　2 通し柱　　3 窓縦枠　　4 間柱　　5 交差筋かい　　6 筋かい　　7 筋かいと間柱　　8 戸口縦枠　　9 まぐさ
　10 つり束　　11 窓下束　　12 二重梁　　13 方杖　　14 かまぼこ小屋　　15 つなぎ貫　　16 出し桁　　17 持ち送り
　Thoizes トワズ

1　Les sablieres.
2　Les gros poteaux.
3　Les poteaux de croyses.
4　Les poteaux de renplages.
5　Les croix sainct andre.
6　Les guettes simples.
7　Les guettes et guettrans
8　Les poteaux dhuisserie.
9　Les linteaux.
10　Les petits potelets
11　Les petits poteaux.
12　Entraict
13　Les contrefiches.
14　Ferme ronde.
15　Les blochets.
16　Les racinales.
17　Les consoles.

屋根の小屋組の建設方法：
屋根裏に寝室をつくる場合のように、エンタブラチャーを最上床よりかさ上げした小屋組

　ここまで、組積造および木骨造の住棟の土台からエンタブラチャーまでの構成、寸法および建設方法について述べてきたので、あとは屋根およびそれを支える小屋組についての説明を残すのみとなった。ここでとり上げるのは、最も一般的に用いられる材料である瓦またはスレートの屋根とする。瓦を支障なく支えるためには、小屋組の三角形をスレートの場合と同じ高さにする必要はない。その三角形の底辺すなわち建物の間口の大きさが8単位であるとするならば、頂点で交わる他の二辺の長さは7単位あればよい。スレート屋根の小屋組は、スレートが風で舞い上げられたり、腐敗した水が逆流したりするのを防ぐために、もっと高くする必要がある。スレート屋根の小屋組の形を正三角形にすれば十分であるとする見解もあるが、注文木材を用いて建てる場合は小屋の高さをさらに高くし、建物の間口幅に対応する三角形の底辺の長さを8単位とした場合、頂点で交差する他の二辺の長さを9単位にする。瓦屋根とするかスレート屋根とするかによらず、いずれの場合も以下に述べる建設方法を用いることができる。瓦屋根とスレート屋根は小屋組の三角形のつくり方が異なる以外は建設方法に違いはない。瓦屋根でもスレート屋根でも、エンタブラチャーを最上床よりかさ上げしてつくることもできるし、そうしないでつくることもできる。エンタブラチャーをかさ上げしてつくる場合、切妻屋根とする方法と寄棟屋根とする方法の2通りのつくり方がある。さらに、そのいずれの方法においても、大合掌を用いる方法と、敷桁を用いる方法がある。大合掌を用いる第1の方法によれば、大合掌ははり間を跨いで陸梁の両端に乗せる。陸梁は壁で支持するが、梁の鼻から壁の外面までの厚さは4プスから5プスあれば足りる。大合掌はほぞで陸梁に接合する。内部の空間の障りとならないように大合掌をできるだけ垂直に近くするよう注意しなければならないが、しかしまた、垂直にしすぎて屋根に支障が生じてもいけない。大合掌の上に二重梁を架け、やはりほぞで接合する。大合掌はさらに方杖で固定する。方杖の取り付け位置は、二重梁と大合掌の接合部から二重梁上に2単位そして大合掌上に3単位離れた位置とする。二重梁の上には最上部の床をつけることもできる。二重梁の両端からは真束の上部まで別の2つの小合掌を立ち上げ、ほぞで接合する。真束の下部は二重梁の中心に垂直に乗せる。真束の上部と下部および梁行き方向と桁行き方向の方杖を取り付ける部分にはふくらみをつける。さらに小合掌から二重梁に垂直に小屋束を渡し、二重梁および小合掌とほぞで接合する。方杖も真束および小合掌とほぞで接合する。方杖は母屋に対して垂直になるようにして小合掌に接合する。母屋は木釘止めしたかい木で支え、かい木はさらに転び止めで支える。転び止めは、下部を1プスから4分の3プス小合掌に欠き込み、上部をかい木に密着させる。二重梁の両端に小合掌の木端に当ててさらに2本の母屋を置く。上下の母屋の上に垂木を乗せる。垂木の上部は互いにほぞで接合し、棟木の角を1プス欠き込んでそこに掛け、下部は外壁面から1プスまたは1プス半引っ込めて突き出すことがないようにしてエンタブラチャーの上に置く。垂木は穴をあけ、木釘を使って母屋と共に縫い釘打ちとする。垂木の下部には二重垂木を釘で取り付け、その端は壁の後ろに水が回るのを防ぐためエンタブラチャーの出の先までのばす。以上が小屋組の仕様である。次は小屋から小屋へ渡す棟の処理方法である。棟は棟木を真束の上部にほぞで接合してつくる。真束の中心よりやや上に小屋貫をほぞで接合して小屋から小屋へ渡す。真束の小屋貫より下の部分に桁行き方向に方杖を取り付ける。方杖は小屋貫で2つの部分に分割され、真束および棟木と小屋貫にほぞで接合される。方杖は棟木を3分割するように配置して棟木に取り付ける。その3分割された部分の一つがさらに2つに分割される場合は、棟木の下端から方杖の先までの空間もほぼ同じ3つの部分に分割する必要がある。方杖と小屋貫が真束でぶつかり合うような場合には、現場職人の判断において、真束の強度を弱めないようにして、方杖と真束をもっと下の方で接合する。棟木と棟木は真束の上でこれと直角に金輪継ぎとし、木釘で止める。小屋貫、方杖および真束は接合部を挟み材で補強する。挟み材

万人のための建築技法

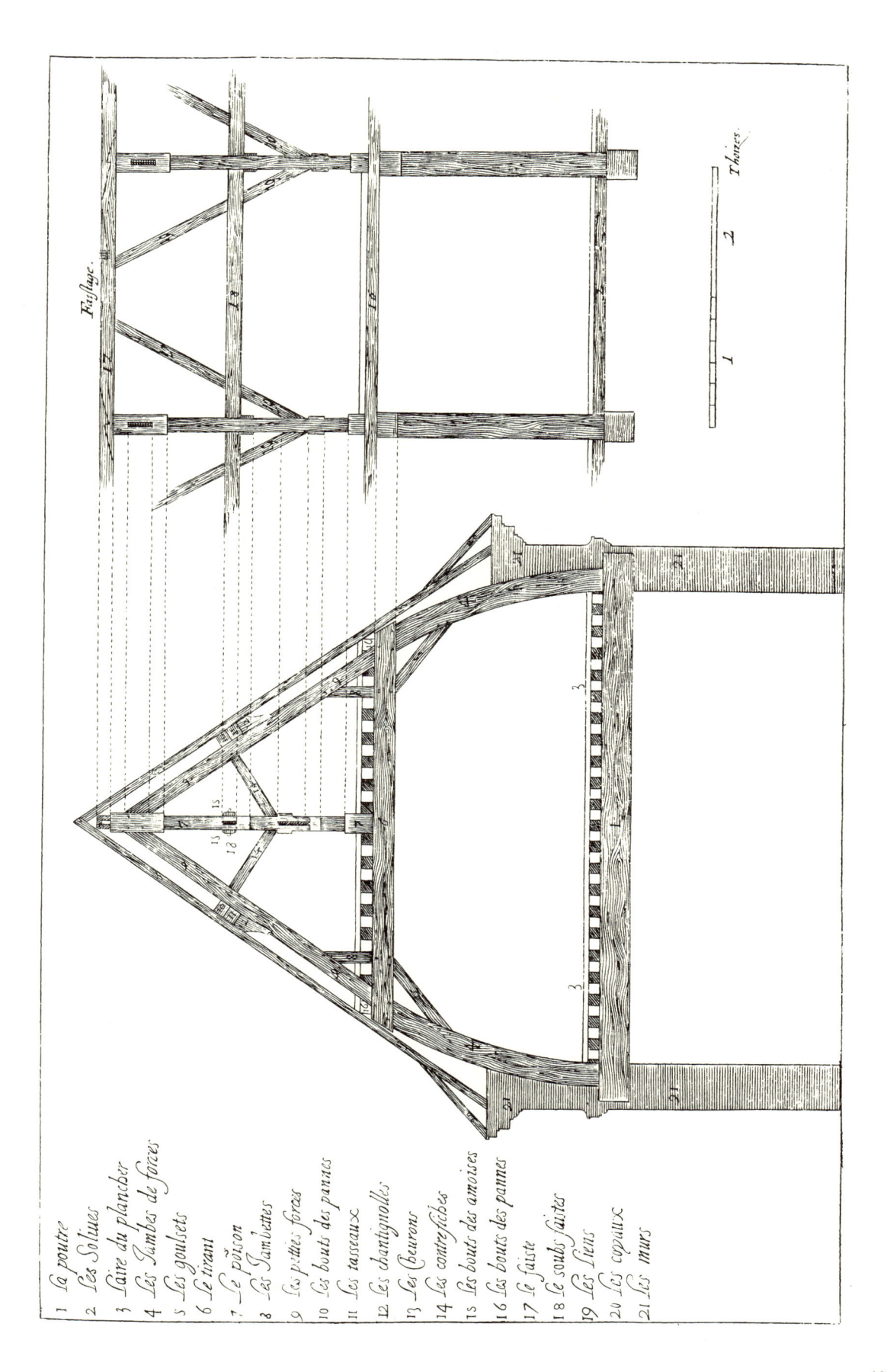

Faîtage.

1 Toises

1 La poutre
2 Les Soliues
3 L'aire du plancher
4 Les Jambes de forces
5 Les goussets
6 Le tirant
7 Le poinçon
8 Les Jambettes
9 Les petites forces
10 Les bouts des pannes
11 Les tasseaux
12 Les chantignolles
13 Les Cheurons
14 Les contrefiches
15 Les bouts des aroises
16 Les bouts des pannes
17 Le faiste
18 Le soubs faiste
19 Les liens
20 Les copaux
21 Les murs

は縫い釘打ちとし、小屋貫の接合部には木釘を用いる。垂木は太材の場合は2ピエ間隔で棟木と母屋の上に配置し、細材の場合は16プス間隔で配置する。そのようにすれば、4ピエ幅の普通の野地板は2ピエ間隔の垂木なら3本、16プス間隔の垂木なら4本で受けることになる。第1の方法による通常の屋根の小屋組と棟のつくり方は、以上に述べた通りである。しかし、それは、図面を見れば、言葉によるよりも一層はっきりと理解される(32)であろう。

訳注：
(31) この文の意味ははっきりしないが、棟木と小屋貫をつなぐ棟束を付けた場合は、小屋貫を2段にする必要があるという意味であろうか。
(32) 論述が2頁にわたるため、原著に倣って、107頁と109頁に同じ図面を入れてある。

図中語句（107頁、109頁共通）：
 1 陸梁 2 根太 3 床 4 大合掌 5 方杖 6 二重梁 7 真束 8 小屋束 9 小合掌 10 母屋
 11 かい木 12 転び止め 13 垂木 14 方杖 15 挟み材 16 母屋 17 棟木 18 小屋貫
 19 桁行き方杖 20 二重垂木 21 壁 Faistage 棟 Thoizes トワズ

万人のための建築技法

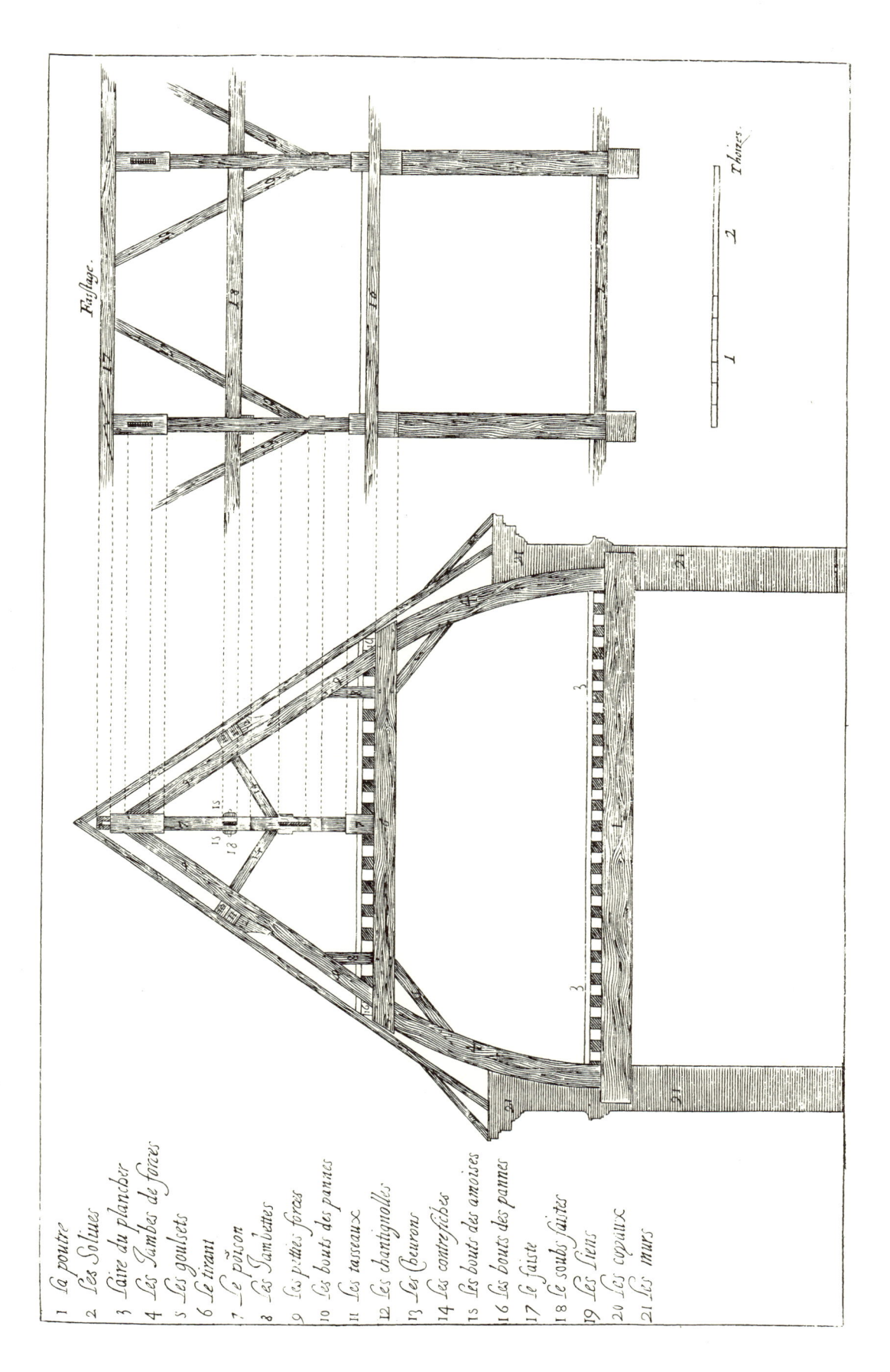

1　La poutre
2　Les Soliues
3　L'aire du plancher
4　Les Jambes de forces
5　Les goussets
6　Le tirant
7　Le poinçon
8　Les Jambettes
9　Les petites forces
10　Les bouts des pannes
11　Les tasseaux
12　Les chantignolles
13　Les Cheurons
14　Les contrefiches
15　Les bouts des amoises
16　Les bouts des pannes
17　Le faiste
18　Le soubs faiste
19　Les liens
20　Les cipaux
21　Les murs

第2の方法は、以下のように敷桁を用いてエンタブラチャーをかさ上げする方法である。壁の上端に2本の桁を壁から突き出さないようにして載せる。2本の桁の間には全長にわたって6ピエ間隔でかい木を入れる。桁の上に貫を渡し、水平にして、蟻継ぎで桁に1ピエまたは1ピエ半埋め込んで固定する。貫の端に垂木を載せてほぞで接合し、垂木の上部は真束に接合する。貫の内側の端には小屋束を立ててほぞで接合する。屋根裏階の高さを決め、それに合わせた位置につなぎ小梁を垂木から垂木に渡し、ほぞで接合する。つなぎ小梁は下から方杖で、上から小屋束で補強する。方杖の取り付け位置は、前に見た大合掌と二重梁につける方杖の場合と同じである。つなぎ小梁の中心に真束を立ててほぞで接合し、さらに必要があればつなぎ小梁の下から鉄ボルトで止める。真束のほぼ中心に、2つの部材から成る別のつなぎ小梁を架けてほぞで接合し、前述のつなぎ小梁と同じ様に方杖で補強する。以上は主たる小屋組についての仕様である。2つの主たる小屋組の間には、心心2ピエの間隔で小屋組を配置する。間の小屋組は、真束を除いては主たる小屋組と同じ要素を同じ様に組み合わせてつくるが、つなぎ小梁と垂木は主たる小屋組の場合ほど大きくない。小屋組についての説明はここまでとし、次は棟の説明である。屋根の棟は、棟木を真束の上部で接合し、上下2段の小屋貫をつなぎ小梁に渡し、両端を真束に接合してつくる。真束と真束をつなぐ棟木に2本の方杖の上部を取り付ける。方杖は2つの部分に分かれ、その下部はそれぞれ小屋貫と真束にほぞで接合する。妻の流れ部分は、中央に前述の主たる小屋組と同様のそれより少し急勾配の半小屋組をつくり、その両側に、心心2ピエまたは16プス間隔で半小屋組もしくは配付け垂木を配置する。配付け陸梁は隅陸梁および配付け垂木または半小屋組にほぞで接合する。隅棟から主たる小屋組までの平方向の構成も同様とする。隅垂木の下部は敷桁の隅に渡した貫に接合し、上部は真束の角に接合する。隅垂木は下部に小屋束をつけて貫に接合する。隅垂木と真束近くの火打ち梁に上下2段の隅陸梁をほぞで接合する。隅陸梁と隅垂木にかけて大きな方杖を付けるが、さらに小さな方杖を付ける余地を残すようにする。配付け垂木も同様に隅垂木と敷桁の貫にほぞで接合して小屋束をつけ、前述の通り2ピエまたは16プスの間隔で配置する。最上床よりもエンタブラチャーをかさ上げする場合について述べるべきことは、以上である。次はエンタブラチャーをかさ上げしない場合について述べなければならないが、その場合の建設方法は上に詳しく述べた第2の方法によるほか、さらに以下に述べる第3および第4の方法によることも可能である。

　　図中語句：
　　　1 陸梁　　2 根太　　3 床　　4 つなぎ小梁　　5 真束　　6 二重つなぎ小梁　　7 垂木　　8 方杖　　9 小屋束
　　　10 貫　　11 桁　　12 かい木　　13 壁　　14 棟　　15 小屋貫　　16 桁行き方杖　　17 隅陸梁　　18 配付け陸梁
　　　19 配付け垂木　　20 敷桁　　21 二重陸梁　　22 火打ち梁　　Enrayure　隅の梁組み
　　　Ligne du ralongement de lerestier　隅垂木の延長線　　Reculement de lerestier　隅垂木の後退　　Thoizes　トワズ

万人のための建築技法

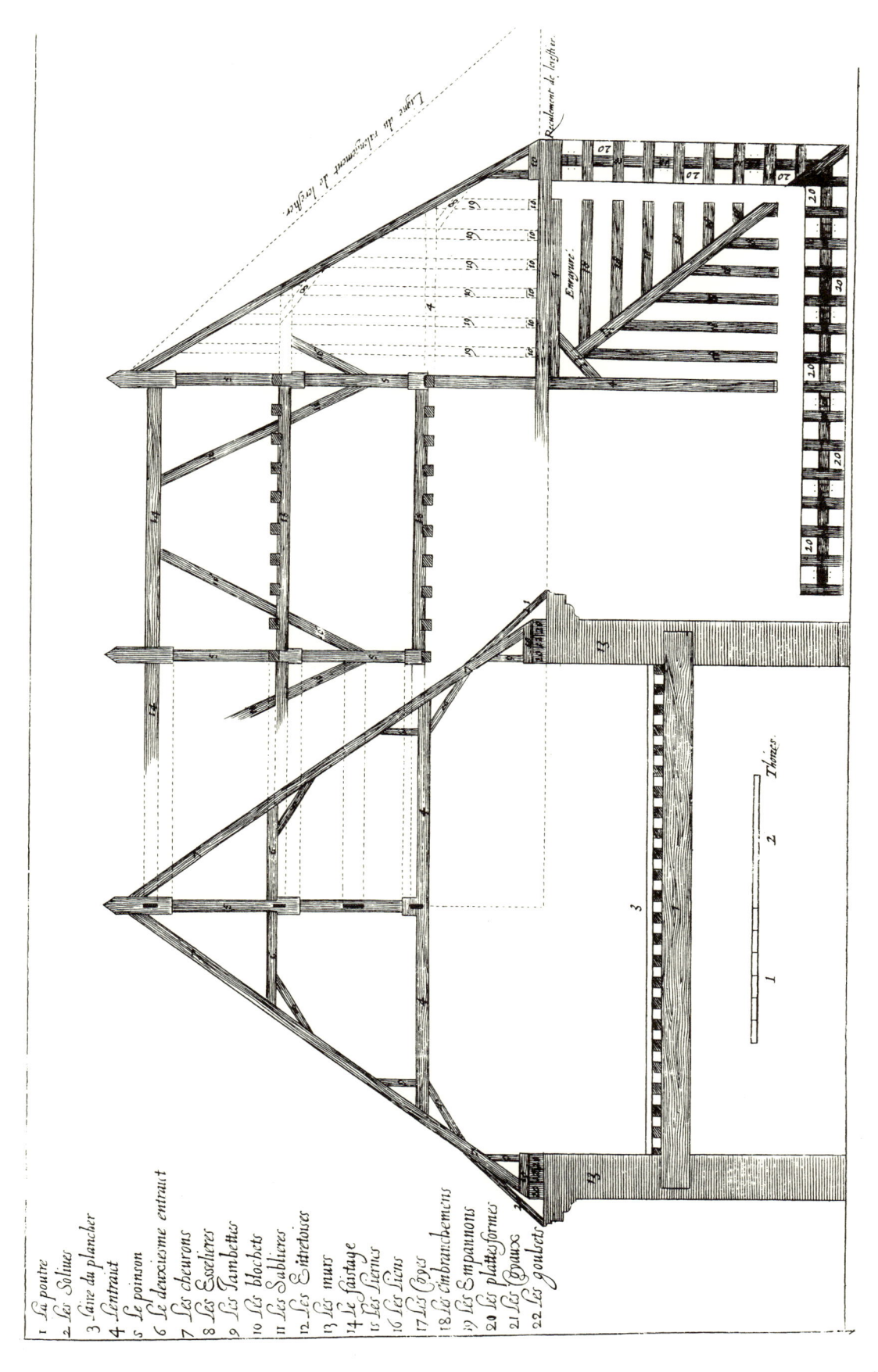

1. La poutre
2. Les Solives
3. L'aire du plancher
4. L'entrait
5. Le poinson
6. Le deuxcieme entrait
7. Les cheurons
8. Les Eseliares
9. Les Jambettes
10. Les blochets
11. Les Sablieres
12. Les Entretoises
13. Les murs
14. Le faistage
15. Les Pannes
16. Les Liens
17. Les Coyes
18. Les Embranchemens
19. Les Empannons
20. Les plattesformes
21. Les Coyaux
22. Les goulets

111

第3の方法は、多くの点において第1の方法と似ているが、大合掌とその上にとり付けた小合掌の代わりに、下を陸梁と壁で支持し、上を真束に固定した一体の合掌を用いる点が、第1の方法と異なる。真束は陸梁の中心まで延ばしてほぞで接合する。はり間が大きい場合は、合掌が真束の上部にしっかりと接合されているならば、真束と陸梁を鉄ボルトか箱金物で緊結してもよい。しかし、はり間が大きくなければ、二重梁を単一材でつくり、真束を二重梁の上でとめてほぞでそれに接合してもよい。そのようにすれば、真束が屋根裏空間の利用の妨げになることもない。

図中語句：
1 陸梁　2 真束　3 二重梁　4 小屋束　5 方杖　6 合掌　7 垂木　8 母屋　9 かい木　10 転び止め
11 挟み材　12 棟　13 小屋貫　14 桁行き方杖　15 棟束　16 根太　17 床　18 壁　19 二重垂木
Thoizes トワズ

万人のための建築技法

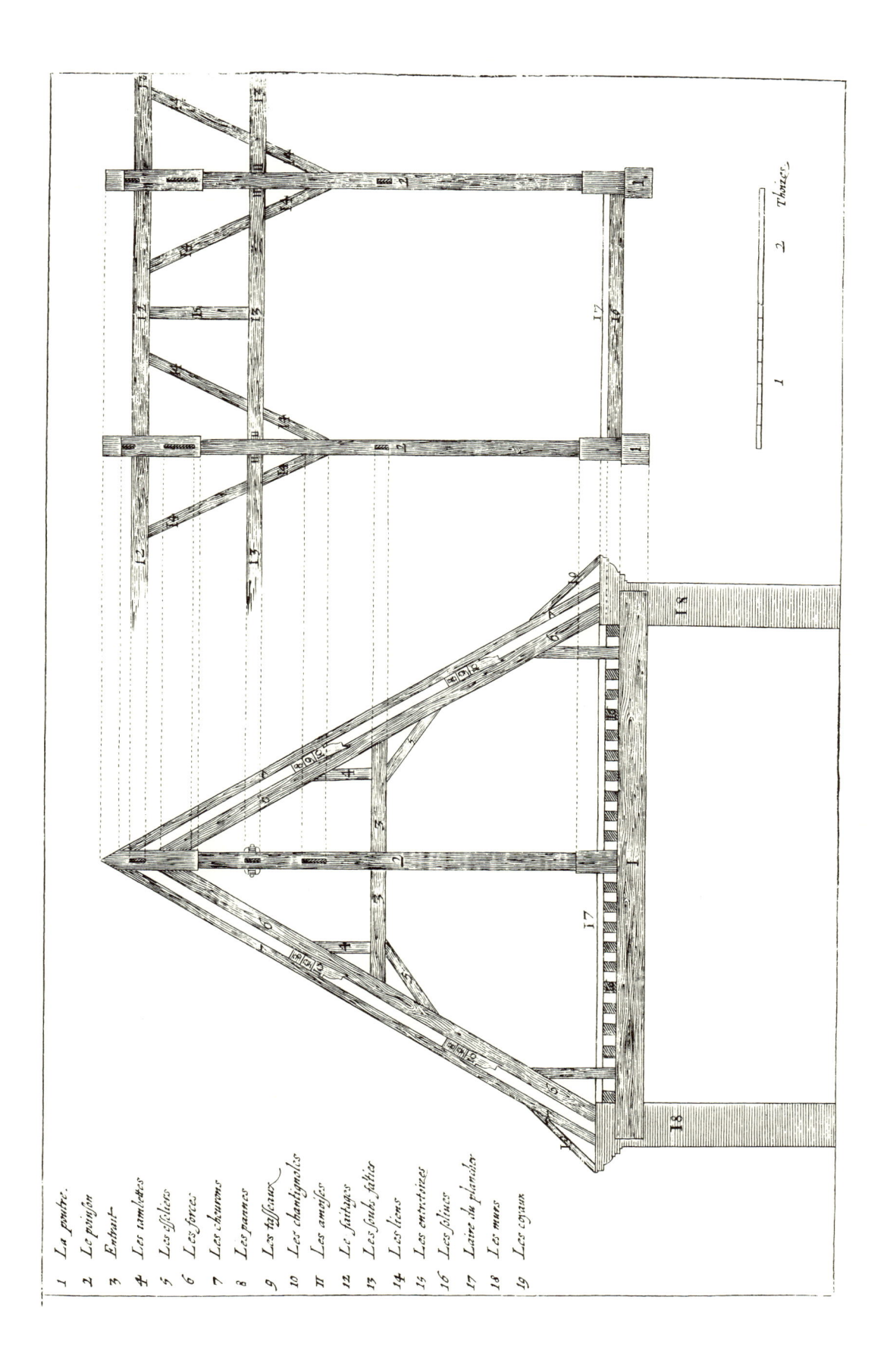

1 La poutre.
2 Le poinçon
3 Entrait
4 Les sablières
5 Les aisseliers
6 Les forces
7 Les chevrons
8 Les pannes
9 Les tasseaux
10 Les chantignolles
11 Les amoises
12 Le faîtage
13 Les sous-faîtes
14 Les liens
15 Les entretoises
16 Les solives
17 L'aire du plancher
18 Les murs
19 Les coyaux

第4の方法は第2の方法とあまり違わない。違いは、真束を陸梁の中心まで下ろすこと、そしてエンタブラチャーをかさ上げしないことである。また、つなぎ小梁の端に小屋貫を渡し、真束をほぞで陸梁に接合する。はり間が大きい場合は、ボルトや箱金物を用いて真束を陸梁に緊結して陸梁を支える。しかし、はり間が大きくなければ、つなぎ小梁を単一材でつくり、真束をつなぎ小梁に接合して、それより下までのばす必要はない。

図中語句：
1 陸梁　　2 真束　　3 つなぎ小梁　　4 二重つなぎ小梁　　5 垂木　　6 小屋束　　7 方杖　　8 貫　　9 敷桁
10 かい木　　11 根太　　12 床　　13 棟　　14 小屋貫　　15 交差筋かい　　16 桁行き方杖　　17 隅陸梁
18 配付け陸梁　　19 火打ち梁　　Thoizes トワズ

万人のための建築技法

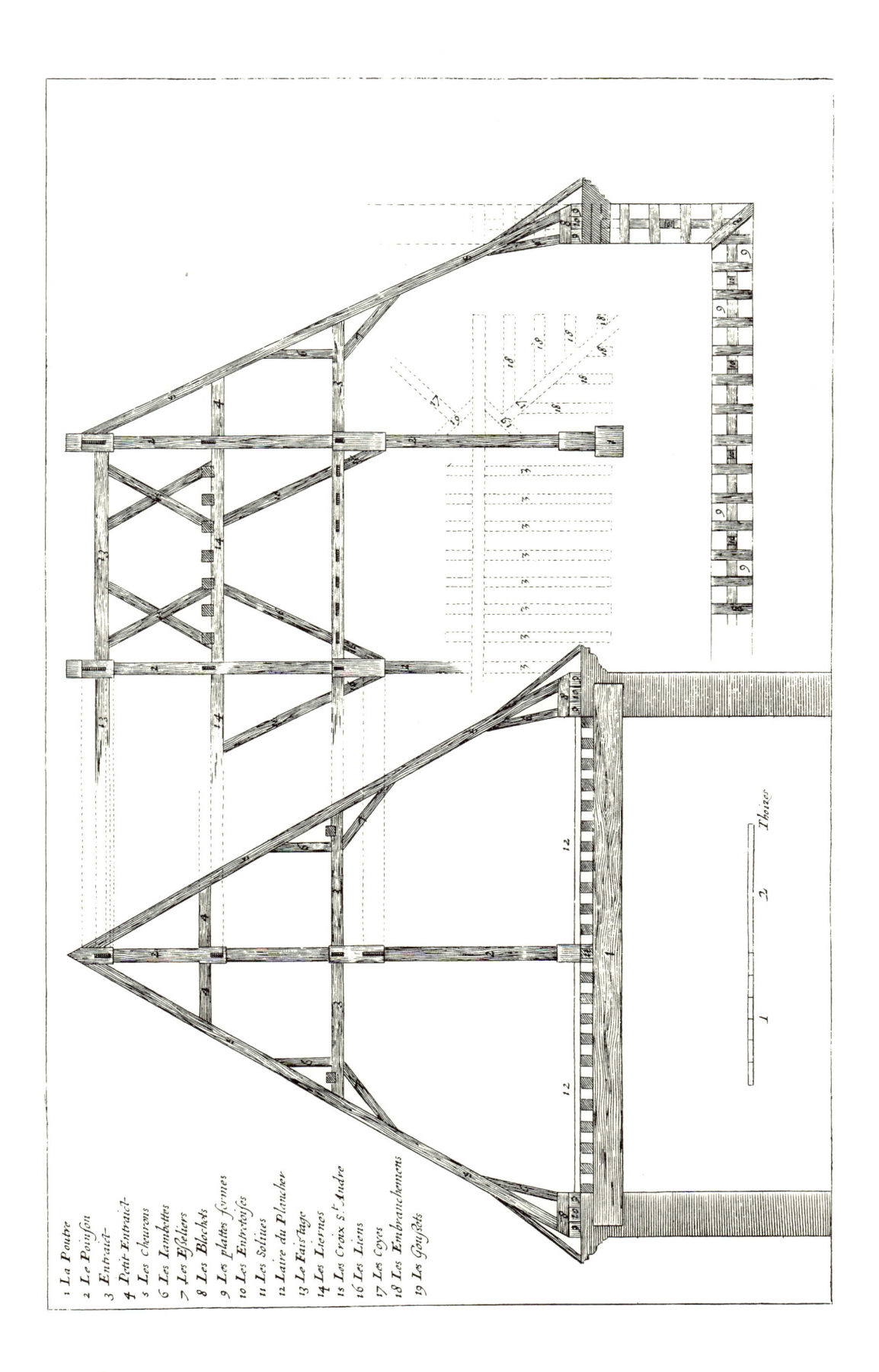

1 La Poutre
2 Le Poinſon
3 Entraict
4 Petit Entraict
5 Les Cheurons
6 Les Iambettes
7 Les Eſſeliers
8 Les Blochets
9 Les plattes formes
10 Les Entretoyſes
11 Les Solives
12 L'aire du Plancher
13 Le Faiſtage
14 Les Liernes
15 Les Croix St André
16 Les Liens
17 Les Coyers
18 Les Embranchemens
19 Les Gouſſets

通路、階段、歩廊などの移動空間を覆う小屋根の建設方法がさらに2つある。第1の方法は、小型の小屋組と簡易な小屋組を用いる。小型の小屋組は、2本の垂木と真束とつなぎ小梁から成る。2本の垂木は上を真束の上部にほぞで接合し、下を木骨造の場合は桁の上に、組積造の場合は敷桁の上に置く。つなぎ小梁は垂木と真束にほぞで接合する。簡易な小屋組は、上部をほぞで接合した2本の垂木とつなぎ小梁から成る。つなぎ小梁は、垂木および小屋組同士をつなぐ小屋貫にほぞで接合する。垂木は、上に述べたように、桁または敷桁の上に載せる。簡易な小屋組は、2つの小型の小屋組の間に2ピエまたは16プスの間隔で配置する。2つの小型の小屋組の間の棟は、2本の方杖を棟木と真束にほぞで接合して補強し、渡りが大きすぎる場合はさらに棟束や交差筋交いを棟木の中心に添える。妻の流れ部分は、小屋組のつなぎ小梁と妻垂木に接合した妻小梁、および、同じくつなぎ小梁に接合した2本の火打ち梁によって構成する。火打ち梁には2本の隅小梁を接合し、隅小梁のもう一方の端は隅垂木に接合する。隅小梁には配付け小梁を2ピエまたは16プスの間隔で取り付け、配付け小梁の他の端は配付け垂木に取り付ける。配付け垂木は下を桁もしくは敷桁に、上を隅垂木に取り付ける。

　小屋根の第2の建設方法は、いわゆる差掛けや付下げをつくる方法である。これは半小屋組であり、2つの壁に小梁を渡し、その上に大壁に沿って真束を立て、小梁と真束に斜材を接合し、斜材の中心と真束を方杖でつないでつくる。方杖を取り付けた位置で斜材の上に母屋を置き、それをかい木と転び止めで支える。2つの半小屋組をつなぐ棟は、木材を真束の上部にほぞで接合し、下から方杖で支えてつくる。棟木、母屋および桁もしくは敷桁の上に、垂木を2ピエまたは16プスの間隔で配置する。垂木は母屋と棟木に木釘を使って縫い釘打ちにして止める。垂木の下部には二重垂木を釘づけにして取り付ける。

図中語句：

1 真束　　2 つなぎ小梁　　3 垂木　　4 棟　　5 小屋貫　　6 方杖　　7 妻小梁　　8 妻垂木　　Faistage 棟

Petite Ferme 小型小屋組み　　Thoizes トワズ

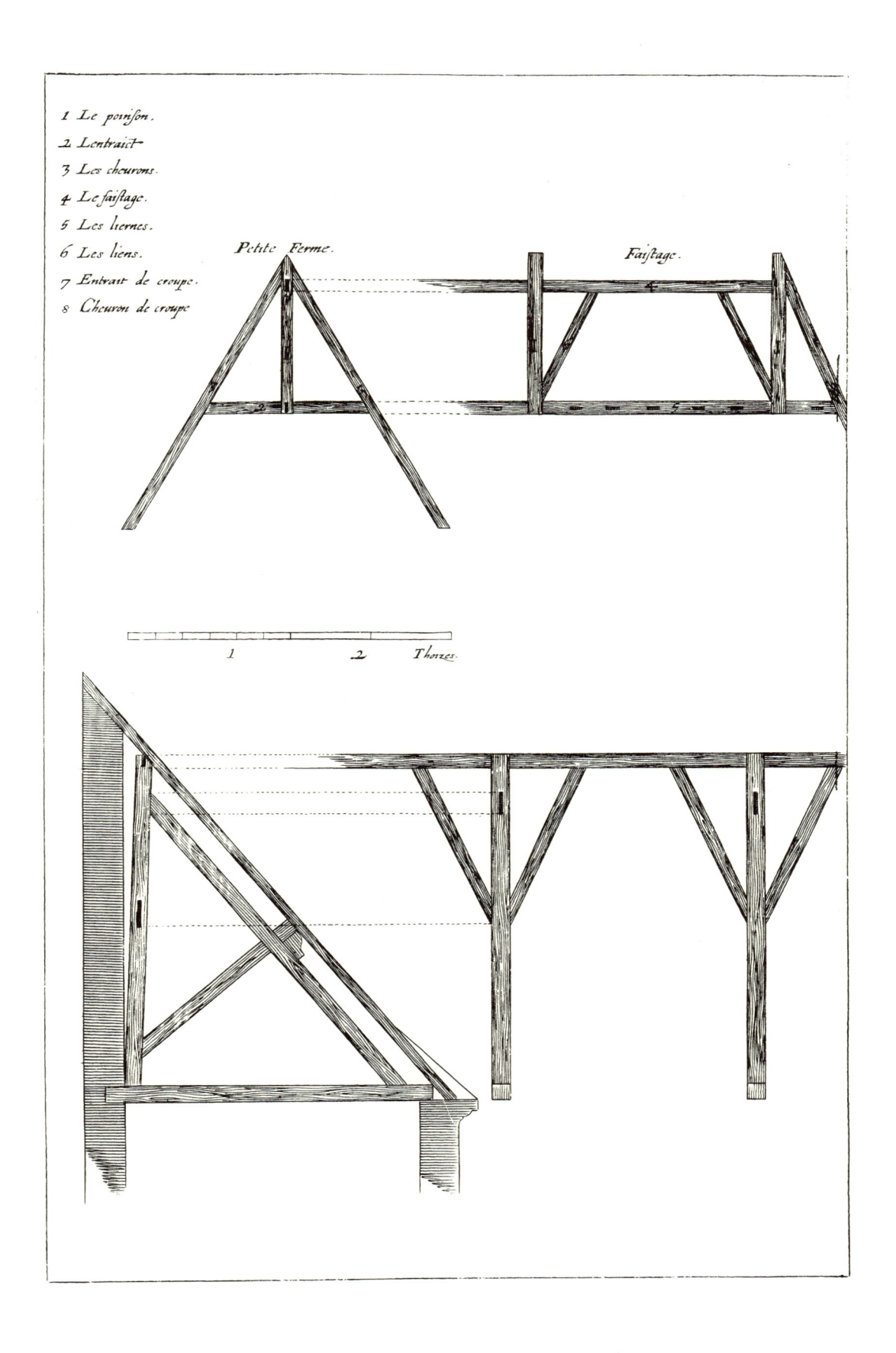

1　Le poinſon.
2　L'entraict.
3　Les cheurons.
4　Le faiſtage.
5　Les liernes.
6　Les liens.
7　Entrait de croupe.
8　Cheuron de croupe.

Petite Ferme.　　　　　　　Faiſtage.

1　　2　Thoiſes.

ル・ミュエ「万人のための建築技法」とその意義

鈴木　隆

1．ル・ミュエとその時代

　ピエール・ル・ミュエは、1591年、フランスのブルゴーニュ地方の中心都市ディジョンに生まれ、やがて、発展と変貌を遂げつつあった王都パリに出て国王建築家となり、「万人のための建築技法」（以下、「建築技法」）の執筆・刊行を始めとして、多くの建築活動にも携わり、1669年、パリで没した。

　その時代は、宗教戦争が未だ続く中で新教徒派のフランス国王アンリ4世（1589-1610年在位）が新教誓絶を行なってパリに迎え入れられ（1594年）、ナントの勅令を発して宗教戦争に一応の決着をつけ（1598年）、王国各地の巡回に明け暮れた前王朝の王達と対照的にパリに定住して、その都市整備にも積極的に取り組み始めた時代であった。

　ロワイヤル広場（1605年）すなわち後のヴォージュ広場、およびドフィーヌ広場（1607年）といった壮大な都市広場の建設、公道管理と建築線許可の制度を定めた勅令の発布（1607年）など、その後のパリの都市整備および都市計画の流れを生み出す重要な決定がアンリ4世の下でなされた。[1] 王権の主導によるそれらの広場の建設は新しい都市整備の形として、フランス内外の都市にも波及していった。また、広場の建設は、民間主体の手によって、広場周囲の土地の画地分譲と一体的に行なわれた。開発の流れは次のルイ13世（1610-1643年在位）の時代にかけて続き、市街地周辺の土地の画地分譲による宅地開発や建設活動が活発に展開され、パリの市街地の再建と拡大が進んだ。そうした活発な都市整備や建設活動の背景には、宗教戦争後の比較的安定した政治的・社会的状況の下でのパリの人口の著しい増加があった。[2]

　建築文化の面においては、16世紀のフランスでは、イタリアの建築書の翻訳・出版や建築家の招請、あるいはフランス人建築家のイタリアへの渡航などによって、既にルネサンスの新しい成果を蓄積していたイタリアとの交流が積極的に行なわれ、建築に関する新しい知識が拡大していった。それ以前からの石工などの建築職を指す言葉に加えて、新たに「建築家」（architecte）あるいは「建築」（architecture）という言葉がフランス語として用いられ始めたのもこの時期である。[3] ルネサンス以降に刊行された数多くの建築書の出発点ともなった古代ローマのヴィトルヴィウスの「建築十書」（1547年）[4]、およびルネサンスのイタリアの建築家アルベルティの「建築論」（1553年）[5]が、パリでジャン・マルタンによってフランス語に翻訳され出版された。知識階層は一般にラテン語を理解したので、フランス語版の翻訳・出版を待たずとも、直接ラテン語版によってそれらの書物に接することができたであろうが、フランス語版の翻訳・出版は読者の一層の拡大を意味するのみならず、知的作品をフランス語によって著そうとする意識の高まりをも反映していた。また、フランス国王フランソワ1世の要請によりフランスに渡った（1541年）イタリアの建築家セルリオは、「建築家」（architecteur）の肩書きをもってフォンテヌブロー城の建築および装飾について指示・助言を与える任に就き、イタリア・ルネサンスの建築文化を直に伝えると共に、イタリアにおいて構想し着手した建築7書の執筆および出版を続けた。[6]

　他方、フランスの建築家も、ルネサンスの成果を直接体験するべくイタリアを訪れた。例えば、フランソワ1世亡き後フォンテヌブロー城の職責を離れたセルリオの後任となったリオン生まれの建築家フィリベール・ド・ロルムは、それ以前にローマに滞在して新しいユマニスムの思潮に触れており、帰国後の建築活動や建築書の執筆・出版を通じてその後のフランスの建

築に大きな影響を与えた。(7)

そのように、16世紀における地域と時代を超えた建築文化の交流の成果を継承した知的環境と、都市整備や住宅建設が活発に展開された社会的環境の中で、17世紀前半の建築家達は育まれ活動した。ル・ミュエもその一人である。

2．ル・ミュエの活動

ル・ミュエについて書かれた文献は少ない。(8)ここでは、主としてそれらの文献によりながらル・ミュエの活動を概観してみよう。

その時代の名を知られたフランスの建築家は、建築に直接関わりをもつ石工頭などの家系から出る傾向があったが、ル・ミュエの場合は必ずしもそうではない。ピエール・ル・ミュエはブルゴーニュ近衛砲兵隊に所属する同名の人物を父として、1591年にディジョンに生まれ、その家系からは官吏や軍吏が多く輩出したといわれる。(9)その後の経緯ははっきりしないが、王都パリが様々な思いを抱いた人々をひきつけて人口を膨らませ始めた時代にあって、ル・ミュエはパリに上り、1615年には国王ルイ13世に仕えて年間300リーヴルの俸給を受け、翌1616年には国王建築家に登用されている。300リーヴルは国王お抱えの学究の徒に対する俸給の額であり、(10)その時のル・ミュエは建築家としてまさに駆け出しだったのである。

国王お抱えの建築家には、国王建築家（architecte du roi）と国王建物建築家（architecte des Bâtiments du roi）の2つの肩書きがあった。いずれも国王から俸給を受けるが、国王建築家は肩書きに伴う特定の職務をもたず、他方、国王建物建築家は国王の住まいの建築や維持などの特定の職務をもっていた。国王建築家は特定の職務はもたないが、個別に依頼を受けて仕事を行なうことは認められており、ル・ミュエも国王建築家の肩書きをもちながら、「建築技法」などの著作活動を行なうほか、様々な施主からの依頼を受けて城館や邸宅の建築に携わっている。

国王建築家に登用された1616年に、ル・ミュエは、皇太后マリー・ド・メディチがサロモン・ド・ブロスに依頼して建築中であったリュクサンブール宮の建築リリーフ模型の製作を、皇太后から請け負った。(11)それは、ル・ミュエがリュクサンブール宮の建築責任者であり国王・皇太后建物統括建築家の地位にあったサロモン・ド・ブロスと関わりをもったことをも意味する。このことが、「建築技法」の構想に影響を与えたであろうセルリオの建築第6書の手稿を所有していたと考えられるサロモン・ド・ブロスを介して、ル・ミュエがセルリオの手稿を見ることができたとするミニョの推察の根拠ともなる。

リュクサンブール宮の建築現場では、ル・ミュエは後に義父となるパリの有力な石工頭ジャン・オティシィエとも関わりをもったはずである。オティシィエはリュクサンブール宮の工事査定を担当しており、後には、サロモン・ド・ブロスからルーヴル宮の工事を請け負う能力のあるパリの最良の建設請負業者の一人として名を挙げられている。(12)やがてル・ミュエは1631年にオティシィエの娘マリーと結婚することになる。そうした経緯からして、オトケールが推察するように、ル・ミュエが豊富な実務経験をもつオティシィエと共にパリの一般家屋の建築現場を体験していたことは十分に考えられるであろう。(13)それは、ル・ミュエが都市の一般家屋の建築に対する強い関心から「建築技法」を著したという事実とも整合する。

1623年、32歳の時に、ル・ミュエはかねてから構想していた「万人のための建築技法」の出版にこぎつけた。「建築技法」は、都市の一般家屋を主題とし、多様な敷地条件に対応した家屋のあり方を体系的に描き出すのに成功した作品である。国王への献辞の中にル・ミュエ自身が記すところによれば、出版を決心したのは2年前すなわち1621年であるが、ピカルディー地方の城砦の設計・監理の任務を帯びて軍隊と共に現地へ赴かなければならなかったために、考えていたよりも出版の実現が遅れた。作品の構想は出版を決心する以前に行なわれていたはずであるから、おそらくル・ミュエは国王建築家に就いて間もない時期にそれを構想したのであろう。つまり、ル・ミュエは、建築家として世に出た当初から、「建築技法」の主題となる都市の一般家屋の建築に最大の関心を抱き、「建築技法」の執筆に情熱を注いでいたのである。

ル・ミュエは「建築技法」のほかに、2つの本を公にしている。16世紀イタリアの建築家ヴィニョーラとパラディオのオーダー論の翻訳である。前者

は、1631 年に、「ヴィニョーラの建築 5 オーダー則」（Règles des cinq ordres d'architecture de Vignole, revues, augmentées et réduites du grand au petit octavo）として、後者は、1645 年に、「古代人が用いた建築 5 オーダー論」（Traité des cinq ordres d'architecture dont se sont servi les Anciens, traduit de Palladio）として世に出された。古代建築のオーダーは、ルネサンス以降の建築において再び重要な主題として蘇り、それを理解し身に付けることは建築家にとって不可欠の素養であった。名だたる建築家のオーダー論の翻訳は、ル・ミュエ自身その主題に関心を抱いていたことをも意味している。確かに、オーダーは、他の建築家にとってと同様に、ル・ミュエにとっても重要な主題であったが、「（……）近いうちに、完璧な円柱の各種オーダーを用いた王の建物の設計図、およびオーダーに従いつつもより適切な表現を付け加えてつくり出された建造物を公にして（……）」と、自ら「建築技法」の読者に向けて記しているように、ル・ミュエにとって、少なくとも取り組みの順序において、オーダーは快適性を追求した一般家屋の建築という「建築技法」の主題に優先することはなかった。

「建築技法」が出版された 1623 年に、ル・ミュエは完成間近のパリのサン・トゥスターシュ教会の内陣の構成について諮問を受け、さらに 1629 年には、新らしく建設されるプティ・ペール教会、現ノートル・ダム・デ・ヴィクトワール教会の設計を依頼されている。プティ・ペール教会の建設は中断されるが、再開されて別の建築家の下で完成に至り、教会はパリの西方への市街化の前進地帯であるフォッセ・ジョーヌ囲壁付近に形成された新興地区の教区教会となる。1624 年にルイ 13 世に登用され宰相として実権を握るリシュリウが新たに居を構え、その邸宅（現パレ・ロワイヤル）周辺の画地分譲によって開発されたこの地区は、建築家が邸宅建築などに腕を振るう場となり、ル・ミュエにとってもそこは重要な建築活動の場となるのである。教会建築に関しては、後に、ヴァル・ド・グラース教会の建築を担当していたルメルシィエの死去 (14)（1654 年）に伴って、ル・ミュエがその仕事を途中から引き継ぎ、教会のドームやヴォールトおよび修道院などを完成させている。

ル・ミュエが活発に建築活動を展開するのは 1640 年前後からである。1637 年から 38 年にかけて、都市計画行政にも関わりのある財務卿の要職にあったブティリエ・ド・シャヴィニィの依頼によって、ル・ミュエは 2 つの城（トゥレーヌのシャヴィニィ城、シャンパーニュのポン城）の建築に携わる。そして、1642 年には、同じブルゴーニュ地方出身の財務卿を歴任したパルティスリ・デムリィの依頼を受けて、タンレー城の建築を手がけている。

さらに、ル・ミュエは 1640 年から 1664 年頃までの間にパリで多くの個人邸宅の建築を手がけている。それらの建築の地理的な分布は、パリの市街地の新たな発展と重なり合っている。稠密な旧市街地の外側に発展した新しい地区は、財力のある有力者達が建築家に依頼して邸宅などを建てて移り住む場所ともなったのである。リシュリウ邸周辺の新地区は、アンリ・ソヴァルが「当代随一の建築家の一人ピエール・ル・ミュエ」の作としてとり上げたテュブフ邸（ヴィヴィ(15)エンヌ通り）を始め、コケ邸（ヴィヴィエンヌ通り）、テュブフ持ち家 3 軒（プティ・シャン通り）、ベルモン・モヌロ邸（サン・トギュスタン通り）、トランブレー邸（サン・トギュスタン通り）およびラタボン邸（リシュリウ通り）というように、ル・ミュエが建築した邸宅が集中していた地区である。さらに、ル・ミュエは、ロワイヤル広場の建設によって新たに脚光を浴びたパリ東部のマレ地区で、マルタン邸（フラン・ブルジョワ通り）とダヴォ伯爵邸（タンプル通り）を、そして、マルグリット王妃庭園の画地分譲などによって急速に市街化が進行し、市街化を抑制するために新たに建築禁止境界域（1638 年）が設定されたセーヌ左岸のフォブール・サン・ジェルマンでは、シュヴルーズ公爵夫人のリュイヌ館（サン・ドミニック通り）とレーグ侯爵邸（サン・ギョーム通り）の建築に携わった。また、生れ故郷のディジョンの施主からも依頼を受け、ブッシュ邸（モンジュ通り）を建築している。ル・ミュエが建築した城や邸宅の多くは取り壊されるなどして往時の姿を失ってしまったが、マロの版画などにその姿を留めているものもある。

ル・ミュエの活動の成果の中で、「建築技法」は、我我にとってそしておそらくル・ミュエ自身にとっても、最も重要な成果であろう。そこには、都市のおよそあらゆる一般的な規模の敷地に対応する望ましい家屋の

姿が描き出されている。それは当時にあっては家を建てようとする人にとって実践的な意味をもつ有用な建築書でありえたし、現代においては都市の家屋の歴史の断面を鮮やかに映した貴重な史料であることは間違いない。しかし、さらに、「建築技法」には、敷地の変化に適応しながら時代を超えて存在してきた都市の家屋の空間構成の原理が、空間の量的変化に視点を定めた考察を通して浮き彫りにされているのであり、そこに時代を超えて説得力をもつ合理的な思考と方法論を見出すことができる。

3．「万人のための建築技法」の刊行

ル・ミュエの「万人のための建築技法」の原著"Manière de bastir pour toutes sortes de personnes"（初版）または"Manière de bien bastir pour toutes sortes de personnes"（第二版以降）には3つの版がある。

1623年に、パリのメルシオール・タヴェルニエ（Melchior Tavernier）から初版が刊行された。その内容は、国王への献辞、読者への言葉、刊行允可に続いて、図版頁を含む113頁の本論から成る。後の版ではこれに多少の増補が加えられるが、初版の内容は増補の部分と区分されてそのまま継承されてゆく。その初版以来変わらない内容の中心となるのが、敷地の規模を徐々に変化させて、それに適応した家屋の平面と立面を描いた言わば本論の各論部分である。

第二版は、1647年に、フランソワ・ラングロワ（François Langlois）から刊行された。第二版は、初版の内容の後に、ル・ミュエが実際に建てた3つの城と3つの家屋（テュブフ持ち家、コケ邸、ダヴォ邸）の31枚（口絵を含む）の図面が増補として付け加えられている。第二版には他に、ピエール・マリエット（Pierre Mariette）から1647年に刊行されたものと、ジャン・デュ・ピュイ（Jean Du Puis）から1663年に刊行されたものがある。

第三版は、ルミュエの没後に刊行されている。これには、1681年にフランソワ・ジョラン（François Jollain）から刊行されたものと、クロード・ジョンベールおよびジャンとジョゼフ・バルブ（Claude Jombert et Jean et Joseph Barbou）から刊行されたものがある。後者は刊行年が不明である。この第三版は第二版と同じ増補を伴ない、さらに小屋組みに関して、それまでの版にはなかった腰折れ屋根いわゆるマンサール式屋根が新たに付け加えられている。

ル・ミュエの「万人のための建築技法」はイギリスでも注目されるところとなり、1670年にロンドンのロバート・プリックル（Robert Prickle）から英語訳版（"The Art of Fair Building"）が刊行されている。

現代において、原著の第二版に基づく2つの復刻版がイギリスとフランスの異なる出版社から刊行されている。1972年にアンソニー・ブラントの序を付けた復刻版がグレッグ社から、1981年にピエール・ミニョの序文と解説をつけた復刻版がパンドラ社から刊行されている。そうした復刻版の刊行は、ル・ミュエの著作の意義を現代あらためて再認識するための重要な契機となっている。

本書の翻訳は、第二版に基づいて、増補を除いたル・ミュエの著作の中心を成す初版以来の内容を全訳したものである。そこにル・ミュエの思考と方法論が明確に表れているからである。増補の図面は、付録として解説の後に付けることとした。

4．ル・ミュエの学習

「建築技法」の国王への献辞の中で、ル・ミュエは、「（自らのたゆまぬ研究に加うるに）権威ある方々の御高説をうけたまわった上で」、その書を世に出す決心をしたと記している。それは、ある程度、常套的な謙譲の言い回しであったとしても、他の建築家達がそうしたように、そしてとりわけ建築と関わりのない家庭環境に育ち建築家を志したル・ミュエは、実際にそのような形で多くの学習を重ねたに違いない。ル・ミュエが建築家としての道を歩み始めた頃、既に中心的な立場で活躍していたサロモン・ド・ブロスなどの先達からは直接に学ぶ機会があったであろう。そして、過去の建築家達が書き記した建築書からは豊富な知識や理論を体系的に学ぶことができたはずである。

そうした学習を通じてル・ミュエは何を学び、それが「建築技法」にどのように反映されているのだろうか。この影響とでもいうべきものは、一般に、当事者によってはっきりと意識されあるいは意図された明確な形をとることもあれば、学習の体験によって育ま

れた未だ明確な形を成さないもしくは明確な形を指向する漠然とした意識の胚胎であることもある。あるいは、既に胚胎している指向する意識すなわち指向性が、学習の体験に触発されて明確な形をとることもありうる。指向性は人間の創造活動の本質に関わるところであり、指向性を介した影響は創作者の独創性を必ずしも否定するものではないだろう。影響の存在を解明する方法として、当事者の証言や証拠による証明は客観的な方法である。しかし、それがすべての方法ではない。影響関係の両方の当事者の接触があったとして、その関係を論じる者が両方に共通する意味内容の存在を確認し、その内容の重要性を自らの評価によって確認する方法がありうる。論者の理解や判断が介在する蓋然性を残す方法であるが、影響を論じることの意義に遡って考えてみるならば、影響関係の当事者にとって、そしてそれを論じる者にとって、重要であるところのものを明らかにし確認することに意義があるとすれば、そうした方法も成り立つはずである。ここではその方法をとってみよう。

ル・ミュエは多くの人々から学んだと記しているのであるが、その中で唯一具体的に名前が挙げられているのは、およそすべての建築家がその存在を知りあるいはその著書に触れていたであろうヴィトルヴィウスである。ル・ミュエは、「建築技法」の国王への献辞の冒頭を、「私は、陛下にこの書を捧げて、皇帝アウグストゥスに建築書を献上したヴィトルヴィウスにあやからんとしております」、と書き出している。それは、国王建築家ル・ミュエが、「建築技法」を刊行して国王に捧げる行為を、栄光と共に記憶されていた古代ローマの出来事になぞらえて正当化し、フランス国王の栄華を称えるための言葉であるが、同時にル・ミュエがヴィトルヴィウスの建築書を熟知していたことをも意味している。

建築の定義から始まって、材料、オーダー、公共建築、住宅、施行、そしてさらに、水、天文、機械に至るまで建築に関連する様々な主題を展開するヴィトルヴィウスの「建築十書」と、もっぱら住宅建築のあり方を追究したル・ミュエの「建築技法」は、構成や主題において異なる。しかし、それは中心的主題が異なるということであり、2つの著書の内容を比べてみると、「建築十書」に表わされた著者の認識と「建築技法」に表された著者の認識が明らかに通じ合う部分もいくつか見出される。

二つの建築書の著者は、それぞれ著書を皇帝や国王に捧げて刊行することの公的な意義もしくは公益性を開陳して、その刊行を正当化する。それは歴史的に繰り返されればある程度形式化した頭書とみえなくもないが、それでもやはり著書を公けにすることの意義を問う意識はそれなりに重要であろう。一方で、ヴィトルヴィウスは第1書の序文の中で、「公衆が良き建築法から得ることができるささやかな有益性にまで及ぶ（……）陛下の志の寛大さを思うにつけ、（……）私はそれについて書き記したものをお目にかけるのをこれ以上引き延ばすべきではないと存じます」と述べ、他方で、ル・ミュエは国王への献辞および読者への言葉の中で、「王国の美化のために、まず陛下の臣下の建物に関することから始め、（……）厳粛なる主題に応えうるよう最善を尽くす所存でございます」、そして「必ずや、我が仕事と職業を通じて公益のために一層精進いたしましょう」と述べて、著書の刊行の意義を訴えかける。さらに、二人の著者は、謙虚な自負を込めて、読者に対する著書の啓蒙的な意義に言及することも忘れていない。

二人の著者はまた、建築を人間の歴史と共にあって発展してきた現象として捉え、それを概観することによって、建築の意味を見極め、自らが追究する主題を歴史の中に置いて意義づけようとする。それは建築を人間の現象として捉え、その多様な変化を貫いてある普遍的なものを捉えようとする意識の表れである。ヴィトルヴィウスは第2書の第1章「原始的人間の生活および文明と住まいの始まりと発展について」においてその持論を展開し、ル・ミュエは読者への言葉の中でそれを展開する。

著書の社会的および歴史的な位置付けを確認するそうした議論は特にル・ミュエにおいては導入的なものにすぎないが、その他に、ル・ミュエの「建築技法」の本論の主題に直接関わる議論がヴィトルヴィウスの「建築十書」の第6書の中で展開されていることも注目される。第6書の主題は「個人の家屋の比例寸法をどのように定めるべきか」を明らかにすることであるが、まずその主題自体が、一般家屋の間取りを中心とするル・ミュエの「建築技法」の主題に通じている。

ル・ミュエはこの第6書の中に共感できるものを見出したであろう。

その一つは、住宅建築の快適性を重視する考え方である。ヴィトルヴィウスは、広間式の中庭であるアトリウムの規模について、「利用上必要なあらゆる快適性が満たされるように、そして見た目にも心地良くなるように」[20]、それを決めなければならないとし、農家の建物についても、「農家の生活上必要な快適性を決して損なうことなく」[21]、都市の家屋に準じた比例寸法を適用するとしている。快適性の追究は、ル・ミュエが「建築技法」において家屋の設計の重要な目的としたことでもある。ヴィトルヴィウスは、適正な比例寸法の基準を示す一方で、「不都合が生じることのないよう、場所の条件に応じて」[22]比例寸法を決めればよいとも述べ、現実的な柔軟な対応の必要性も説く。同様の現実主義的な対応は、「敷地間口が狭小であるために適正な基準からはずれざるをえない」こともあるとして、ル・ミュエも許容するところである。

また、ル・ミュエの「建築技法」は、敷地の規模を連続的・段階的に変化させてそれに対応する家屋の間取りを決定するという定量的な方法が貫かれている点が特徴的である。そのことを念頭において見ると、ヴィトルヴィウスが、アトリウムの長さを30ローマ・ピエから100ローマ・ピエまで連続的・段階的に変化させてそれに対応する翼棟の比例寸法を決定するという、同じような方法をとっていることが注目される[23]。空間の量の連続性に着目して想定したあらゆる条件に対する答えを見出そうとする合理的な思考がそこにある。ル・ミュエは「建築技法」のほぼ全体を通じて、その合理的な思考に裏打ちされた方法によって一般家屋の設計を展開し、ヴィトルヴィウスの「建築十書」とは異なる独自の世界を切り開いているのである。

ヴィトルヴィウスよりはル・ミュエにはるかに近い時代にあったセルリオの第6書も、「建築技法」との比較の対象として興味深い。セルリオは7つの建築書を執筆し、オーダーに関する第4書を皮切りに、6つの書を渡仏の前後にかけて刊行している。そのうち唯一刊行に至らなかったのが、一般家屋を扱った「あらゆる階層の人々の住まいについての第6書」である。セルリオも16世紀イタリアの建築家として当然にヴィトルヴィウスの「建築十書」を熟知していたはずである。セルリオの第6書とヴィトルヴィウスの第6書の主題の符合は偶然ではないだろう。フランスで執筆されたセルリオの第6書は、刊行に至ることなく、手稿のまま建築家などの間で知れ渡り、今日にまで受け継がれる[24]。ミニョが推察するようにサロモン・ド・ブロスのアトリエで、あるいはそのほかの何らかの手段で、ル・ミュエがセルリオの手稿やその写しに目を通す機会をもったことは十分に考えられる。二度にわたって書かれたセルリオの手稿の一つは、フランソワ1世の治下においてその姉マルグリット・ド・ナヴァールの庇護を共に受けた同じ新教徒派のジャック・アンドルエ・デュ・セルソーの手に渡ったことが知られている[25]。その手稿がデュ・セルソーの孫にあたるサロモン・ド・ブロスに受け継がれ、仕事などを通じてサロモン・ド・ブロスと直接の接点をもっていたル・ミュエの目に触れた可能性は確かにあるだろう。

セルリオの第6書は、9種類の田園の家屋と11種類の都市の家屋をとり上げ、それぞれについて図面と論述を右と左の頁に配置して見る者に分かり易く表現する。セルリオはそれらの住宅の種類を、「倹しい職人」から始まり「豊かな職人」や「豊かな市民または商人」などを経て「王子」そして「国王」にまで至る居住者の社会的・経済的階層によって区分している。ミニョが指摘するように、確かにセルリオの第6書には後のル・ミュエの「建築技法」に通じる特徴がいくつか見出されるが、両者は異質でもある[26]。

図面と論述を対置するセルリオの建築書の編集形式は、ル・ミュエの「建築技法」でも採用されている。ローゼンフェルドは、その編集形式をセルリオ自身はドイツ・ルネサンスの画家デューラーから学んだとする[27]。いずれにしても、ル・ミュエはセルリオと異なり、図面を統一された縮尺で描いている。それは単純なことではあるが、重要な意味をもつ。敷地の規模を間取りの基本的な決定要因とするル・ミュエにとって、統一縮尺による図面は空間の規模の違いを最も端的に示し、自らの意図を言葉以上に伝える表現手段となりうるのである。本書においても、ル・ミュエの原著と同様に図面と論述を見開きに配置し、判型の違いから原著の縮尺率と異なるが図面の縮尺を統一した所以である。

セルリオの第6書もル・ミュエの「建築技法」も、

共に一般住宅家屋を主題とし、その想定されたあらゆる種類の家屋を序列化して、より水準の低いものもしくはより小さなものから、より水準の高いものもしくはより大きなものへと順に描き出してゆく。しかし、セルリオが田園の家屋と都市の家屋をほぼ同等にとり上げているのに対して、ル・ミュエは13の類型敷地のうち11を間口や奥行きの点からみて都市的な敷地として設定しており、主として都市の家屋を描いている。(28) セルリオがあらゆる階層に向けた都市の家屋と共に田園の家屋をとり上げた背景には、16世紀前半のイタリアにおける戦争や飢饉などに伴う都市への貧民層の流入、および、セルリオのイタリアでの活動拠点であったヴェネチアの交易依存経済の衰退に伴う内陸農村地帯への住民の移植政策の展開などがあったとされる。(29) それに対して、人口増加および経済発展と共に都市整備や建設活動が活発化した17世紀前期のパリに生きたル・ミュエは、都市の家屋に大きな関心をもちうる状況の下にあったといえるだろう。

セルリオは家屋の種類を、職人（貧困層、ゆとり層、富裕層）、市民および商人（一般層、富裕層）、貴族、高位行政官（カピターノ、都市長官、知事）および王族（王子、国王）に分類された居住者の社会的・経済的階層によって区分する。ヴィトルヴィウスも「建築十書」において、居住者の職業によって必要とされる家屋の間取りが異なることを具体的に示しているが、そこでは職業による接客の必要性の違いが問題とされているのである。(30) 他方、セルリオが居住者の階層を基準として家屋のあり方を論じる背景には、富と地位に応じた住まい方こそ社会的寛大さの美徳であるとする考え方がある。(31) すなわち、セルリオにおいては、居住者の社会的・経済的属性が家屋の規模や質を決定するという因果関係を前提として、居住者の属性を基準とした家屋の設計が成り立っているのであり、あらゆる居住者の階層を設定することによって、規模や間取りの異なるあらゆる家屋が論じられようとしているのである。

それに対してル・ミュエは、著書の題名に「万人のための」すなわち「あらゆる種類の人々のための」という表現を用いた以外は、おそらく意識的に居住者の階層に言及することはしない。そして、敷地の間口と奥行きという空間的な基準によって家屋の間取りを決定し、場合によっては同じ条件の敷地に対して異なる利用形態を想定した家屋の間取りの変化形を示しながら設計を展開する。現実のあらゆる種類の家屋を網羅的にとり上げて設計を試みようとする問題意識と思考においてセルリオとル・ミュエには共通点があるが、敷地の空間的属性に依拠するル・ミュエの設計の視点と方法は、居住者の社会的・経済的属性に依拠するセルリオのそれとは異なっているのである。

5．「建築技法」を通して見る都市の家屋

日本の都市の家屋を見慣れた眼には、「建築技法」のほぼ全体を通して、街路沿いに建つ建物の奥に中庭をもち、その中庭を核として展開する家屋の様々な姿が自明のごとくに描き出されているのが印象的である。しかし、中庭をもつ家屋の形態自体は、ル・ミュエが想定していたパリとその周辺のイル・ド・フランス地方およびその他の都市において過去から現在にわたって存在し続ける都市の家屋の一つの基本的な形態であり、必ずしも「建築技法」を特徴付けるものではない。むしろ、「建築技法」が、家屋の細部の変化を伴う時代の移り変わりを超えて存在する中庭型の都市家屋の基本的な形態を、自然に映し出していたのである。しかしまた、それ故に、中庭型の都市家屋の歴史の断面を、合理的な方法で、多様な敷地条件に応じた家屋の具体的な姿として描き出し、歴史を通じたその展開の可能性を示唆する「建築技法」の意義は大きいとも言える。

都市の家屋が中庭型の形態を基調としてきた大きな理由は、街路と中庭によって建物の通風・採光を合理的に行なうことにより、限られた都市の土地を有効に利用することができるからであったと考えられる。すなわち、それは先験的な形式として存在していたのではなく、むしろ結果として存在したのである。都市の恩恵を享受する空間の範囲が囲壁などの境界によって限定されるのみでなく、都市が人間の活動と生活の共通の体系の場となりその中心性をより明確にすることによって、利用価値の高い都市の土地は限られてくる。また、建築利用の程度を高める必要に迫られない比較的ゆとりのある敷地においても、敷地奥に中庭と庭園に挟まれた母屋をもつ邸宅の形式を生み出して、豊かな居住環境を求める需要に応えながら、中庭型の家屋

は広く受け入れられていった。

「建築技法」に描かれているのは、16世紀末から17世紀初めにかけてのパリなどの都市の家屋の現実を踏まえ、そのより良いあり方を追究して描き出された家屋の姿である。

5-1．快適性の追究

「建築技法」の原語は"manière de bastir"（建築の方法）または"manière de bien bastir"（良き建築の方法）である。それは必ずしも特別な用語ではない。それより半世紀以上前にフランス語に翻訳され刊行されたアルベルティの建築書の題目にも、"art de bien bastir"（良き建築術）という表現が用いられていた[32]。良い建築とは何か。ル・ミュエはあらゆる建築において追究すべき目的を、「建物の耐久性」(duretée)、「利便性」(aisance) もしくは「快適性」(commodité)、「美しい構成」(belle ordonnance) および「衛生」(santé) であるとする。それがル・ミュエの良い建築の条件であり、ルネサンスから古典主義へと展開してゆく16世紀から17世紀にかけてのフランスの建築家が多かれ少なかれ追究した建築の目的であった。それらの目的はそのまま現代の建築の目的にも通じるであろう。

それらの四つの目的に序列はつけられていないが、「建築技法」の概説あるいは類型敷地毎の各論の中で最も多くの部分をさいて具体的に述べられているのは利便性もしくは快適性の意味であり、それを具現化する方法であるという事実に照らしてみると、ル・ミュエは住宅の快適性の追究に特に強い思いを込めていたと言えるだろう。そのように考えると、ル・ミュエが「建築技法」を国王に献納してあやからんとしたヴィトルヴィウスが「建築十書」の一般家屋を論じたくだりで、快適性を見た目の美しさに劣ることのない重要な条件であるとしていることが想起される。また、後に見るように、フランスの後世の歴史的な論評も、ル・ミュエが「建築技法」において形式よりは快適性を重視した設計を展開している点を、フランス的伝統と結びつけて評価している。

ル・ミュエは、住宅の快適性を高めるための条件を、「建築技法」の概説の中で具体的に挙げている。それは、必要に応じて居室を隣り合わせに配置し且つその間の出入りの空間をできるだけ確保すること、広間や寝室といった主要な居室に衣裳部屋や小部屋のような別の居室を添えること、同一階の居室の段差を解消すること、そして、居室を用途に見合った大きさにすることである。快適性の追究は、そのような意味における、利用に配慮した居室の適正な配置と規模すなわち広い意味での配置もしくは間取りの探究なのである。その成果として示された敷地毎の家屋の姿は、フランスの都市住宅家屋の歴史的な展開の断面を映して出している。

(1) 居住空間とサービス空間の分離

「建築技法」の家屋の間取りに共通して現れる基本的な居室は、広間 (salle)、寝室 (chambre) および台所 (cuisine) である。間口12ピエ（約3.9m）、奥行き21.5ピエ（約7m）の最小限規模の第1類型敷地に建つ各階1室の家屋は、一階が広間、二階と三階が寝室に充てられ、その上は屋根裏の倉庫である。一階の正面出入り口と通路で結ばれた奥行き6ピエ（約19.5m）の中庭には、螺旋階段と厠が設けられ、井戸が掘られている。奥行きがそれよりもわずかに大きい第2類型敷地では、奥行きが大きくなった分を活かして、広間や寝室を補足する小部屋 (cabinet) が中庭側に設けられ、奥行きがさらに大きくなり小部屋の代わりに本格的な居室を付け加える余地が生まれた第3類型敷地では、一階では台所、上階では寝室に準じる衣裳部屋 (garderobe) が付け加えられている。そうした各階1室または2室の小規模な家屋は、実際に中世以来、パリでも多数存在していた[33]。特別に台所をもたない各階一室の最小限の家屋であっても、室に暖炉があればそこで調理をすることもできたのである。敷地がさらに大きく居室の数が増えた場合には、一階では広間と台所に加えて、食糧貯蔵室 (gardemanger) や厩舎 (écurie) などのサービス室のほか、寝室や衣裳部屋などの居室も現れ、上階では寝室や衣裳部屋の数が増えてゆく。

一般に、広間は、団欒や飲食などが行なわれる接客のための暖炉を備えた大きな居室であり、君主や領主などの館では祝宴や舞踏会などが広間でとり行われた[34]。広間は家の中心的な居室として、通風・採光や観望の条件の良い場所に置かれ、「建築技法」の中でも、間口22ピエから24ピエに対して奥行きが34ピエ

から 36 ピエあるいは間口の 2 倍ある、最も規模の大きな居室とされている。また、「建築技法」の類型化された家屋には見られないが、大邸宅の建築などでは、広間の用途がより特化した食事室（salle à manger）や居間（salon）、あるいは冬の間（salle d'hiver）や夏の間（salle d'été）などがつくられることもあった。ル・ミュエの設計によるテュブフ邸やダヴォ邸にもそうした居室の例が見られる。

寝室は、就寝に限らずより広い意味での私的な生活の場となる、暖炉を備えた居室である。「建築技法」においても、寝室の基準は広間に次ぐ大きさの 22 ピエまたは 24 ピエ四方とされ、さらに寝台は暖炉のある壁から 4 ピエから 6 ピエ離し、暖炉は寝台の置き場所を考えて壁の真中からずらして取り付けるなど、寝台や暖炉の配置の基準も示されている。寝台はそれ以前は一般に暖炉のある壁に枕もとをつけて暖炉の脇に置かれていたが、寝台の上り下りの便利さや暖炉の煙に対する衛生上の配慮から、大窓と反対側の壁に枕もとをつけ、暖炉のある壁との間をあけて寝台を置くのが一般的になってきていた。(35)

衣裳部屋は寝室より小さく、寝室に対して副次的な居室であるが、暖炉が備えられ、文字通り衣裳棚を置いて身繕いのために用いられるほか、子供部屋や女中部屋などとしても用いられた。キャビネと呼ばれる小部屋は、衣裳部屋よりも小さく、その語源となった収納戸棚のある貴重品類の収納部屋や仕事部屋などとして用いられた。通常、小部屋には暖炉を付けないが、暖炉を付けた大きな小部屋がつくられることもあった。「建築技法」の第 11 類型敷地の家屋には、寝台を置いた寝室並みの大きさの暖炉付きの小部屋が描かれている。

二階より上の階は、主として、寝室、衣裳部屋および小部屋がある居住空間として位置付けられ、台所や厩舎などのサービス空間が集約する一階と区別された。そうした形での居住空間とサービス空間の分離は一般的な住まい方として広く行なわれており、「建築技法」にもそれが反映されているのである。ル・ミュエは、住宅の快適性を高めるために寝室や広間に衣裳部屋や小部屋を添える方が良いとし、個別の間取りにおいてその具体的な方法を様々に追究している。そのようにして、寝室などの主たる居室を中心とした生活空間のまとまりをつくりだそうとしたのである。しかし、建物の内部を予め必要な居室のまとまりから成る独立した住戸に分割してつくることは、ル・ミュエの時代には未だ一般的に行なわれていなかった。

サービス空間が集約する一階においても、調理や馬の飼育などのサービス活動によって生じる臭いや煙や騒音から居住空間を守るために、台所や厩舎を広間などの居室から遠ざけ、さらに衛生上の理由から台所と厩舎も分離する努力が一般的に行なわれていた。中庭をはさんで 2 つの住棟がある場合に、例えば、手前の住棟に広間を配置し、奥の住棟に台所や厩舎を配置する方法は 16 世紀あるいはそれ以前から広く行なわれており、2 つの住棟は渡り廊下で結ばれることもあった。(36) その渡り廊下の部分はしばしば木造の簡素な構造であったが、やがて堅固な石造に変わり、大規模な家屋では居室を備えた住棟になることもあった。

「建築技法」の家屋の一階の間取りは、そうした現実の一般的傾向の中においてみることができる。広間は別棟として厩舎や台所から遠ざけられたり、あるいは、間口幅に余裕のある同じ住棟の中で、正面出入り口と中庭を結ぶ通路によって厩舎と隔てられたりしている。例えば、2 つの住棟から成る家屋としては最小限に近い奥行き 50 ピエの第 4 類型敷地の家屋では、手前住棟の一階の街路側に広間を、中庭側に台所を置き、奥の二階建ての小さな住棟の一階に厩舎と厠を置いた典型的な配置が見られる。より大きな第 7 類型敷地の家屋では、広間が奥の住棟に置かれ、手前の住棟の台所と厩舎は通路で隔てられている。また、それら 3 つの要素が大きな同じ住棟の中にある第 8 類型敷地の家屋では、通路をはさんで一方の側に広間と台所が、反対側に厩舎が置かれている。

台所や厩舎と切り離された広間のある主たる住棟は、敷地内の最も快適な場所に配置された。言い換えれば、その配置はどのような条件の場所が快適な場所と考えられていたかを示している。着目すべきは住棟と空地との関係である。空地は、敷地の外の街路、敷地内の中庭、そしてさらには敷地奥の住棟の背後の第 2 の中庭や庭園として存在する。それらの空地と主たる住棟の間には、ほぼ一定の関係が見出される。敷地奥の住棟が境界線いっぱいに建てられ、その背後に第 2 の中庭や庭園が存在しない場合には、奥の住棟に厩舎

や台所が置かれ、広間のある主たる住棟は敷地の手前に配置される。街路と中庭に面して空地との結びつきがより大きな敷地手前の場所がより快適であると考えられ、そこが主たる住棟の場所となったのである。他方、敷地の奥に第2の中庭や庭園がある場合は、奥の住棟が主たる住棟となる。2つの中庭あるいは中庭と庭園にはさまれて空地との関係がより大きく、かつ街路からも離れて静謐な場所がより快適と考えられて、そこに主たる住棟が置かれたのである。そうした住棟の配置方法は特にル・ミュエの発案によるわけではないが、「建築技法」の体系だてられた一連の事例はそうした考え方をはっきりと浮かび上がらせてくれる。

快適性を求めて台所を広間などから遠ざけることによって、食事を運ぶ手間が大きくなり、運ぶ間に冷めた皿を温め直すことも含めて配膳の手間が増した。ル・ミュエもこの問題を意識しており、第5類型敷地の手前住棟の台所を通路の左右いずれに配置するかをめぐって、「後者の配置は、台所と階段と広間の入り口が同じ側にあってサービスが建物の中で行なえるので、より合理的である」とし、食事の運搬に配慮した判断を示している。しかし、一般的には、食事のまかないなどを生業とする人々が家の主と同じ屋根の下に暮らす社会において、食事運搬の労力の軽減という目標は、主の寝食の場をより快適にするために調理の場をそこから遠ざけようとする力に対抗しうる力とはなりにくかった。問題はむしろ配膳を合理化する方向で対処された。主たる住棟の下に、配膳室を半地下の形で設置するのはその一つの方法であった。既にデュ・セルソーによって試みられたこの半地下の配膳室を、ル・ミュエも第9類型敷地第2配置や第11類型敷地などの大きな家屋で採用している。それは実際の邸宅建築においてもしばしば用いられた方法であった。

「建築技法」には、敷地手前の主たる住棟と奥の付属棟から成る第4類型敷地を始めとして、それ以降の大きな敷地において厩舎をもつ家屋が多数描かれている。馬やロバは既に16世紀には都市の住人の移動手段として用いられていた。また、16世紀の後半にイタリアからもたらされたカロスと呼ばれる馬車はパリの貴族や富裕な町人の間で広まってゆき、馬車の通り抜けが可能な大きな馬車門（porte cochère）のある家は富と社会的地位の象徴でもあった。「建築技法」の[37]

厩舎のある家屋は、たいていが馬車門とそれに続く広い通路を備えている。ル・ミュエは当時のパリの社会の一面を映す馬車門という比較的新しい建築要素を積極的にとり入れているのであり、そのことはまた、1620年代には馬車がめずらしい乗り物ではなくなりつつあったことをも意味しているのであろう。「建築技法」の基準によれば、馬車門の大きさは幅8ピエから9ピエ、高さは幅の1倍半もしくは2倍とされているが、実際にはほとんどが幅9ピエで設計されており、幅3ピエの普通の門との大きさの違いが一目瞭然である。馬車の利用を想定した家屋は厩舎を備えているが、必ずしも専用の車庫を備えているとは限らない。専用の車庫をもたない家屋の中には、第9類型敷地の第2配置の家屋のように翼棟一階の歩廊を車置き場として利用する例もある。馬をとりはずした車体は、一階のそのほか適当な場所に置くこともできたのであろう。

市街地の実際の家屋の中には、一階の街路側に店をもつものもあった。公道の安全を守るために1600年に発せられたパリ奉行令は、商人や職人の営みで活気に満ちたパリの通りの様子を彷彿とさせるが、そのひとくだりにおいて、商人や職人が家や店の前に置く営業用の台を枠組みのある板張りとし、それをしまう時には店の引き鎧戸として街路に突出しないようにして納めることを命じている。[38] 同じ頃、パリの都市整備の新たな幕開けを象徴するロワイヤル広場やドフィーヌ広場の建設が始まるが、その広場に面した家屋の一階では店の設置も計画された。[39] しかし、「建築技法」の家屋に店は描かれていない。その理由は推測の域を出ないが、パリでも未だ下屋形式の店が多かった時代にあって、[40] ル・ミュエは家屋の一階を予め店とする必要性を感じなかったのであろうか。そして、敷地の規模の変化に応じた間取りの展開を主題としたル・ミュエは、施主の特別の需要に依存し、しかも一階街路側への設置が前提となるため間取りを固定化する店を敢えてとり入れなかったのであろうか。ルイ・サヴォは、1624年の「フランスの個人建物の建築」の中で、店舗等の営業用の居室を敢えてとり上げない理由を、それらの居室の形や寸法などはそれを求める商人や職人が誰よりも良く知っているはずだからであるとしている。[41]

ル・ミュエは、第1類型敷地から第11類型敷地ま

での間取りの中で、必ず厠の位置に言及し、それを図面に記している。その背景には、住宅および都市の衛生を守るために、16世紀以来、パリの家屋への厠の設置を義務付ける法律や規則が定められ、厠の設置の徹底が図られてきたという事情がある。パリ慣習法はパリおよび郊外の家屋の所有者に厠の設置を義務付けており、さらに厠の設置を義務付ける高等法院令も出されていた[42]。しかし、設置は徹底されなかったのであろう、17世紀に入ってからもパリのすべての家主に敷地内の厠の設置を命じる警察裁定が出されている[43]。

「建築技法」に見る厠の配置にはいくつかの方法がある。小規模な家屋では、敷地奥の中庭の螺旋階段の下に厠がつくられる。敷地奥の付属棟一階の廐舎や食糧貯蔵室などの非居室の隣りが厠となることもある。建物内の階段の登りや踊り場の隅は最も一般的な厠の設置場所であり、そのほか階段の仕切り壁の中に厠がつくられることもある。中庭や階段への厠の設置は、実際の家屋においても広く行なわれていた。そうすることによって建物の居住床のより有効な利用が可能となるのみでなく、臭気が建物内に漂うのを防ぐことができた。また、階段は上下の階から利用するためにも合理的な場所である。臭気を防ぐため厠を屋根裏に設置する方法もあったが[44]、ル・ミュエはおそらく利用上の便宜を考えて、「建築技法」の中でその方法を用いていない。むしろ、「建築技法」においては、各階の廊下の隅や階段脇に厠がつくられている場合がある。そのほか、敷地奥の庭園に突き出した出屋の各階を厠とし、さらに翼棟の各階の食糧貯蔵室や玄関室の隅に厠を設けた例も見られる。そのようにして、各階に厠を一つ、さらには二つ設置すれば、住居の利便性もしくは快適性はより高まる。ル・ミュエは、家屋の規模を考慮して快適性を追求しながら、様々な厠の配置を検討しているのである。

(2) 居室の独立性もしくは移動空間の確立

ル・ミュエは、住宅の利便性もしくは快適性を高めるために守るべき基準の筆頭に、利用上の必要に応じて居室を隣り合わせに配置すると同時に、居室の間を空けて相互の出入りの条件を良くすることを掲げる。当時の伝統的な住まい方において、隣り合わせに配置された居室を通り抜けて室から室へ移動することが普通に行なわれていたことを考えると、ル・ミュエが掲げた課題は、居室の相互の関連性と独立性を求める近代的な間取りへの転換を促すものであった。

その点に着目して「建築技法」の家屋の平面を見ると、各階2室以上ある第2類型敷地以降の家屋のほぼすべてにおいて、居室を結ぶ移動のための特別の空間を設けることによって、居室の独立性を確保する工夫がなされている様子が見てとれる。パリの家屋において居室を結ぶ廊下の設置が一般的になってゆくのは18世紀末以降と見られるが[45]、ル・ミュエは廊下もしくは廊下に準じる空間を「建築技法」の家屋の間取りに積極的にとり入れているのである。

「建築技法」では、ある場合には、階段の前に廊下に準じる移動のための小さな空間がつくられ、そこに異なる居室の出入り口が別々に開かれる。それらの居室は内部で別の出入り口によって直接につながっているとしても、外の廊下に準じる空間を通ることによって、他の居室を通り抜けないで各室に出入りすることが可能になる。例えば、第2類型敷地の各階2室の家屋では、二階の階段前に設けられた移動空間を通って寝室と小部屋に別々に出入りすることができる。間口と奥行きが大きな第8類型敷地第2配置の家屋では、住棟の中央に置かれた階段前の空間に、前列3室と後列2室の合わせて5室が別々に出入り口を開いている。

また、別の場合には、本格的な廊下、すなわち図面にも「廊下」(passage)と明記された、幅3ピエから4ピエの細長い移動空間がつくられている。その廊下を通ることによって、例えば住棟の端に置かれた階段などから、手前の室を通らずに奥の室に出入りすることが可能となり、手前の室にも廊下から出入りすることができる。廊下は、第5類型敷地以降の大きな家屋の間取りにおいてしばしば用いられている。実際の家屋においても、廊下は時代を下るに従って次第に普及してゆき、19世紀初めの建築手引書には中廊下をはさんで住棟の前後に居室を2列に配した間取りも見られるようになる[46]。

そのほか、「建築技法」ではあまり用いられていないが、主たる居室への出入りのために通り抜けることを前提として、その居室の前に玄関室（vestibule）や前室（antichambre）がつくられることもある。玄関室

や前室は控えの間としても用いられ、奥の主たる居室を補完してその独立性や格式を高める効果があるが、そこに複数の主たる居室の出入り口が別々に設けられる場合、それらの室は主たる居室への出入りをさばくための移動空間としての性格が強くなる。「建築技法」では、第9類型敷地の第2と第4配置の大規模な家屋で玄関室が用いられており、デュ・セルソーの影響が指摘される第12類型敷地の邸宅風の建築では、大玄関室が左右の広間と寝室への出入りを分ける空間となっている。

(3) 階段

階段が建物内の上下の移動のために不可欠の建築要素であることは言うまでもないが、とりわけ日常生活の場となる居室が異なる階に分散している場合には、階段の利用頻度は高まり、その需要性は一層増す。「建築技法」に描かれているような、一階に台所や広間、二階以上に寝室などの居室を配置した家屋の構成は、単一世帯の居住利用を前提とした構成のように見える。しかし、ジュルジャンとクプリが指摘するところによれば、そうした構成をもつ16世紀および17世紀のパリの家屋においても、一部が賃貸借される例が少なくなかった。(47) 賃借人は、必要に応じて、上階の1室、上下の階の複数の室、あるいはまた住棟全体を借りたりした。台所がなくても暖炉のある室があれば調理をすることができるので、近代的な共同住宅家屋のように必要な居室を一式備えた住戸に分割されていない家屋でも、一部の室の賃貸借利用は可能であった。(48) 家屋が一世帯専用であっても、あるいは一部賃貸利用されていても、生活に必要な居室が建物の上下の階に分かれていることが多かったのである。

ル・ミュエは、「建築技法」の概説において階段の幅、蹴上げ、踏み面などの基準を示すのみでなく、類型敷地毎の各論においても、建物の階高および階段の段数と蹴上げの値を逐一、具体的に示すなどして、階段に対して細心の注意を払っている。階段の形式に関しては、その時代に実際に用いられていた3種類の階段が「建築技法」の中にも見出だされる。螺旋階段、側桁壁式の全折れ直線階段、および、親柱式の中空階段である。

螺旋階段は、フランスの家屋において中世以来広く用いられてきたいわば伝統的な階段であり、他の形式の階段と比べて階段室の面積を小さくできる利点をもっていた。直線階段は、ルネサンス期にイタリアからもたらされた比較的新しい形式の階段であり、細長い階段室が必要となるが、階段の見通しを良くする視覚的効果が得られた。側桁壁の代わりに2本あるいは4本の親柱で支持する中空階段は、階段室自体をより明るく見通しの良い空間とすることができ、17世紀以降、側桁壁式の直線階段が次第に用いられなくなっていったのとは逆に、次第に広まっていった。(49)

階段をどの場所に置くかも重要な問題である。階段の配置は、階段の種類とともに、建物の利用と結びついた建物内の移動、および階段室に充てられる床面積などを考慮して決定された。階段の配置や種類に関して、「建築技法」からは次のような傾向を読み取ることができる。

第1類型敷地から第4類型敷地までの比較的小さな家屋においては、一階通路の奥の中庭または建物の中、あるいは通路の入口部分に、螺旋階段が置かれている。間口と奥行きがさらに増した第5類型敷地から第7類型敷地までの家屋では、手前と奥の2つの住棟をつなぐ翼棟が階段の場所となり、そこに縦長の翼棟と軸線を一致させた全折れ直線階段がつくられている。間口の大きな正方形に近い第8類型敷地の家屋の場合は、奥行き方向二室配列の住棟の間口幅を二分する通路と同じ場所、あるいは敷地奥へ展開する翼棟との接合部分に、全折れ直線階段がつくられている。さらに、一連の類型敷地の中で間口および奥行きとも最大級の第9類型敷地から第11類型敷地までの家屋は、敷地奥の主たる住棟と手前の住棟を一つまたは二つの翼棟でつなぐ形式のものが多いが、階段はたいていの場合、前後の住棟用に1つずつ、住棟の中央または隅角部の翼棟の中に設けられている。その場合、大きな全折れ直線階段または中空階段が用いられるが、手前住棟用には螺旋階段を用いた例もある。さらに、手前住棟用の階段を省いて、家屋全体に対して一つの大きな中空階段を主たる住棟と翼棟との隅角部に設けた例も見られる。翼棟のない形式の家屋では、当然に階段は前後の住棟に1つずつ必要になる。

5-2. 木骨造建築

ル・ミュエが「建築技法」に描いた家屋は、石や煉瓦を用いた組積造である。しかし、ル・ミュエは補足的な章で木骨造もとり上げている。

「建築技法」が刊行された17世紀前半には、パリでは公道の安全を守るために公道沿いの建物壁を木骨造とすることが禁止され、より堅固で耐火性に優れた石やレンガを用いた組積造への転換が図られていた。(50) しかし、実際には木骨造の建物は容易にはなくならなかった。規制面においても、両面漆喰塗りなどとして耐火性能を強化することを条件として既存の木骨壁が認められ、さらに、特別に事前の許可を得て木骨壁を建設することが認められるなど、禁止の原則を維持しながら限定的に木骨造を許容する制度がつくり上げられてゆき、家屋の高さ規制においても、木骨造の存在を前提として、組積造と木骨造の家屋に対してそれぞれ異なる規制値が定められた。(51) そうした木骨造を限定的に認める規制の体系は、革命後の19世紀まで継承されていったのである。ル・ミュエが、「木骨造建物は、それが一般化している場合のほか、敷地が狭小であるためそれ以外の選択肢がない場合においても建設されている」として、木骨造建物の建設方法に言及した背景には、建物の組積造化が進められる一方で、木骨造も然るべき理由によって存続している現実の市街地の状況があったのである。

「建築技法」の木骨壁の図からは、間柱と筋交いの多様な組み合わせが用いられていたことが見てとれる。また、当時は既に、材料調達や施行上の都合などによって長大な通し柱から階毎に柱をつなぐ管柱への転換が進んでいたが、隣家との境界には通し柱が用いられている。そのように、「建築技法」は、当時の木骨造建築を知る上でも興味深い資料となっているのである。後に、ジャック・フランソワ・ブロンデルは、木骨造建築に関する完璧な教本は存在しないとした上で、しかしながら数少ない有益な教本の一つとしてル・ミュエの「建築技法」を挙げている。(52)

5-3. 小屋組

組積造の建物は、壁は組積造であっても、通常、屋根は木の小屋組によってつくられた。パリの木骨壁の禁止も木の小屋組を対象としてはいなかった。建物の外観を左右するだけではなく、その規模や平面の展開の可能性にも関わる小屋組は、16世紀から17世紀前半にかけて変化を遂げ、ル・ミュエはその変化の渦中にあった。「建築技法」のいわば最終の章はこの小屋組に充てられている。

ル・ミュエはそこで、大きく分けて2種類の異なる小屋組の建設方法を示している。「エンタブラチャーを最上床よりかさ上げした」小屋組とかさ上げしない小屋組である。言い換えれば、屋根裏の床が建物壁の最上部すなわちエンタブラチャー（軒蛇腹）の位置より下にある小屋組と、エンタブラチャーの位置にある小屋組である。それぞれの小屋組について2つの異なる建設方法が示され、全部で4通りの小屋組の建設方法が示されている。それらはいずれも、「建築技法」が編まれた17世紀初めの家屋において実際に用いられていた小屋組である。

いわゆるエンタブラチャーのかさ上げをしない小屋組は、中世以来広く用いられ、内に屋根裏空間を擁して屹立する伝統的なフランス風の大屋根の外観を生み出してきた。他方、エンタブラチャーのかさ上げをする小屋組はそれよりも新しく、地域によって異なるが、パリでは16世紀には既に用いられており、その後普及していったと見られている。(53) しかし、フランス語版のヴィトルヴィウスの「建築十書」の中には、ヴィトルヴィウスによるとされる、一見してル・ミュエの小屋組と極めて似通った、エンタブラチャーのかさ上げをする小屋組とかさ上げをしない小屋組の図が見られる。(54) それが間違いなくヴィトルヴィウスの描いた図であるとすれば、それら2つの種類の小屋組の起源は古代ローマにまで遡ることになるだろう。

小屋組のつくり方は、構造上の安定を必須の条件として、気候条件や屋根裏の利用などを考慮して決められるが、エンタブラチャーのかさ上げの有無によって区別される2種類の小屋組の意味の違いは、構造上の効果のほかに、特に屋根裏空間の利用の可能性もしくは快適性の違いに見出される。(55) かさ上げをしない小屋組は屋根の傾斜が屋根裏の床の部分から始まるため、居住に支障のない天井高をとることができる屋根裏の範囲は限られてくる。それに対して、かさ上げをする小屋組では床からある程度の高さまで壁が垂直もしく

は垂直に近く立ち上がるので、屋根裏の利用の可能性がより大きくなる。ル・ミュエ自身も、合掌を２段に組んでつくったかさ上げをする小屋組について、「内部の空間の障りとならないように大合掌をできるだけ垂直に近くするよう注意しなければならないが、しかしまた、垂直にしすぎて屋根に支障が生じてもいけない」として、かさ上げをする小屋組の意味と課題を明らかにしている。そこで言う屋根への支障とは、瓦などの屋根葺き材の固定に関する問題であろう。

合掌を建物壁の内面に沿って立ち上げて２段に組んだかさ上げをする小屋組は、屋根裏空間の快適性のみでなく、構造安定の点からも合理的である。ル・ミュエが小屋組の建設方法の筆頭にこれを置いたことにもそうした判断が込められているのであろう。ケネディは、ノルマンディ地方の都市ルアンにおいても早い時期から用いられていたその種の小屋組が、上段の合掌を壁の上端にとり付けた貫にのせて固定するのと比べて、ル・ミュエの小屋組がこれを下段の合掌の上に渡した二重梁の上に載せて固定することによって、上段の合掌が支点を外側に押し出そうとする推力に対する抵抗力を高めている点に注目している。また、前述のヴィトルヴィウスが描いたとされる小屋組は、エンタブラチャーの下方の床から棟まで一体の合掌が立ち上げられており、合掌を２段に組んだル・ミュエの小屋組とはつくり方が異なっている。

17世紀には、さらに第３の新しい小屋組が現れ、屋根の外観に変化をもたらしてゆく。屋根の勾配を途中で変え、下段を急勾配とし、上段をより緩やかな勾配とした腰折れ屋根、いわゆるマンサール式屋根がそれである。この屋根が名称が示唆するようにル・ミュエと同時代の建築家マンサールの発明によるものか否かは必ずしも明らかではないが、その原理はル・ミュエが描く合掌を２段に組んだかさ上げをする小屋組にも胚胎している。すなわち、２段に組んだ合掌の上段の勾配を変えて下段よりも緩やかにすることによって、腰折れ屋根の小屋組の基本形ができあがる。利用可能性の大きな屋根裏空間を生み出す急勾配の下段部分の上に、緩勾配の低くて小さな上段部分をのせた腰折れ小屋組は、外に現れた小屋組の部分を小さくするために必ずしもエンタブラチャーのかさ上げをする必要がなく、エンタブラチャーの位置からも立ち上げること

ができた。

ル・ミュエの生前に刊行された「建築技法」の２つの版は、前述の２種類の小屋組について４通りの建設方法を示しているが、腰折れ小屋組には触れていない。しかし、ル・ミュエは自ら設計したダヴォ邸などにおいて小屋組の上段の傾斜を下段よりも緩やかにした腰折れ屋根を用いており、また、パラディオのオーダー論の翻訳書の中にも腰折れ屋根の図を掲載している。ル・ミュエは新しい腰折れ屋根にも関心をもっていたのである。腰折れ屋根は、屋根裏空間の利用可能な範囲を広げるのみでなく、小屋組の上段を縮小して軽量化し、より大きな空間の架構を可能にするなどの利点をもつため、様々な勾配の屋根の葺き材として用いられるスレートの使用と相携えて普及していった。

小屋組の構造とともにその架け方にも時代的な変化が生じた。中世以来一般的であった妻を街路に向けた妻入りの家屋から、平を街路に向けた平入りの家屋への転換が進んでいったのである。「建築技法」では、第３類型敷地の第１配置と第４類型敷地の家屋が妻入りとなっているが、その他の家屋は平入りとして描かれており、平入りへの転換が進んでいたことが示唆されている。平入りの建物の屋根を流れた雨水は、屋根の先に取り付けられた二重垂木を伝ってはじき飛ばされるように落下する仕組みになっていたが、やがてこの軒の部分にも変化が現れ、石造の軒樋を取り付けて雨水を直接下へ落とさないつくり方が広まってゆく。しかし、「建築技法」の小屋組はすべて二重垂木を備えており、軒樋は用いられていない。

6．「建築技法」と時代思潮

「建築技法」は、都市の家屋の姿を体系的に描き出すことによって、その歴史の断面を伝える史料的な価値をもつのみならず、時代的な潮流に与りながら歴史を通じて意味をもちうる実質的な思考と方法論を体現している。それは、都市の一般家屋すなわち一般個人の家屋に対する一貫した関心と、その実質的な設計方法に見出だされる。

「建築技法」が都市の一般家屋の建築の向上を目的として編まれたことは、何よりもその内容が如実に物語っているが、ル・ミュエは読者に宛てた前書きの中

で、「本書の目的は、公共建造物やその他の豪華な建物においてはごく普通に行なわれているように、個人の家屋においても規範や快適性が尊重されるようにするために、想定されたあらゆる大きさの敷地においていかに建築を行なうべきかを広く人々に示すことにある」と、その意図を明確に述べている。それは、建築家の活動が、主として、教会、王宮、城館、大邸宅などの公共のためもしくは特権的階層のための建築物を対象として行なわれる傾向があったことに照らしてみると、「建築技法」の意義を担う重要な特徴である。

しかし、「建築技法」は孤立した偶然の産物ではない。既に、セルリオは慎しい職人から国王にいたるまでのあらゆる階層のための家屋を対象とした建築書を執筆しており、手稿の形で後世に伝えられたその書は、ル・ミュエが「建築技法」を著すにあたってその意識にのぼっていたであろう。セルリオの知己であったコルナロは、都市を形づくっている多数の一般市民の家屋が重要であるにも関わらず、それを主題として編まれた建築書が皆無に等しいことを指摘し、そのことが自ら都市の家屋に関する建築書を執筆する動機であるとしている。(61) 居住者の属性に依拠するセルリオと敷地の空間的属性に依拠するル・ミュエの家屋の分類の基準は異なるが、ル・ミュエが初版以来の「建築技法」でとり上げる家屋の種類は、セルリオの分類における上位の王侯貴族向けの家屋を除いたいわゆるブルジョワジーすなわち町人向けの家屋であり、その意味において都市の一般家屋に対するル・ミュエの関心はより徹底していたと言えるだろう。

また、17世紀初めのフランスにおいて、都市の一般家屋に対する関心が決して特殊でなかったことは、「建築技法」が刊行された翌1624年に、それとは異なる表現形式によって一般家屋の建築方法を論じた、ルイ・サヴォの「フランスの個人建物の建築」が刊行されていることからも察せられる。サヴォが言うところの個人の建物とは、上は君主や領主から下は町人や農民までを含むあらゆる個人の住宅建物を指すが、居室の配置や寸法などをめぐって展開されるその主題はル・ミュエの「建築技法」の主題にも通じており、ヴィトルヴィウスを筆頭に掲げたその文献リストの中には既にル・ミュエの「建築技法」も含まれている。(62) また、ロワイヤル広場やドフィーヌ広場の建設事業を始めとする大規模な画地分譲によって、新らしい家屋が建ち並ぶパリの新地区が誕生してゆくのを人々は目の当たりにすることができた。そして、それらの広場の周囲に建てられる一般家屋のファサードを統一することによって、美しい都市空間をつくり出そうとする試みがなされたことも忘れてはならない。

都市の一般家屋への関心の背景あるいはその関心の実体とは何なのであろうか。15世紀から16世紀にかけて商業振興政策の下で成長してきた産業の担い手であり、都市の住人であるブルジョワジーの社会的・経済的な力の増大と住宅に対する現実的な関心があったであろう。そして、16世紀末に宗教戦争が一応の決着を見たことは、17世紀に入って経済活動や建設活動が再び活性化する状況を生み出した。そうしたことは建築家の目を都市の家屋に向けさせる要因となりえた。しかし、また、国王の積極的な主導による都市整備の展開は、私的所有権を体現する一般家屋と国王の公的権限との接点を明確にし、私的所有権もしくは一般家屋に対する公的権限の直接的または間接的な関心を喚起させた。それは、土地利用や建築行為に対する公的規制を伴う近代の都市計画の源流を生み出した。

ル・ミュエが国王建築家の地位にあり、国王の允可を得て一般家屋を主題とした「万人のための建築技法」を刊行したという事実を思い起してみよう。さらに、ル・ミュエは、国王への献辞の中で、「王国の美化のために、まず陛下の臣下の建物に関することから始め、そしてその後で、王の建物について論じ（……）」と述べ、王の建物に優先して一般家屋について検討すると明言しているのである。それは、王権自体も一般家屋の建築に対して関心をもっていたことの一つの証しであろう。

その当時、王権は、家屋を建築しようとする者に対して、公道との関係における建築の限界を定める建築線を付与する権限をもって、私的所有権と対峙していた。ロワイヤル広場やドフィーヌ広場の美観をつくり出すために行なわれた広場周囲の家屋のファサードの統一は、建築線よりもさらに踏み込んだ建築に対する王権の介入であったが、それは強権的且つ一方的に行なわれたのではなく、家屋の所有者の合意を前提とした契約によって行なわれたのである。ル・ミュエとほぼ同時代の思想家デカルトは、1637年の「方法序説」

の中で、都市の家屋に対する公権の関与に言及しながら、国の体制についての議論を展開している。デカルトは、行政が個人の一般家屋にはたらきかけて公共の美観をつくり出そうとすることには十分な成果は期待できないとして、より強権的な介入の必要性を示唆した上で、実際には、街の美化のためにすべての家屋を一斉に取り壊すようなことは行なわれないが、自ら家屋を取り壊して建て替える者がいるという現実に着目し、そこから逆に、個人が国の変革のためにそれを一気に覆そうとすることは正しくないと結論づける(63)。その議論の背景には、私的所有権を体現する一般家屋に対峙する王権の現実の姿があったのである。ドフィーヌ広場でも、所有者の合意に基づいて家屋の外観の統一を図ろうとする王権の意図は、所有者の意思によって挫折を余儀なくされることがあった(64)。しかし、王権はそれ以上に個人の家屋に対する強制的な規制に踏み出すことはなかった。王権の一般家屋に対する強権的な関係はほぼ建築線においてとどまっていたのであり、その関係は、パリの家屋の高さ規制によって多少の変化を見せるが、革命前の旧体制の間そして革命後の19世紀中頃まで、ほぼ変わることはなかった。そうした文脈の中においてみると、「万人のための建築技法」は、規制や契約とも異なり、個人の建築行為に自発的に活かされることによって、一般家屋の建築の向上そして「王国の美化」に資するところの、教育的もしくは啓蒙的な手段として位置付けることができる。

ル・ミュエは一般家屋の現実的モデルの設計という主題を、建築の形式よりは実質の視点に立って展開する。ここで言う建築の形式と実質は二重の意味をもっている。一つは、建築空間の形式化した形や比例と実質としての空間の利用という、建築の内的な基準に関わる意味である。もう一つは、類型化され形式化した居住者階層と実質的な敷地の規模という、建築の外的な条件に関する意味である。

ル・ミュエの「建築技法」に対するその後の歴史の中での評価は、主として、その第1の意味における実質重視の立場に立った設計方法を、フランス的伝統と結びつけて肯定的に評価するものである。それは、イタリア的とされた形式重視の方法と対置した上での評価でもあった。建築の利用という実質に依拠した設計の成果は利用形態の変化に伴って陳腐化する可能性を秘めているが、その設計の視点と方法自体はより普遍的なものとして継承されうる。ル・ミュエが没して2年後の1671年に設立され、その後のフランスにおける建築の教育体系や公式規範をつくりあげていった建築アカデミーのル・ミュエに対する評価は、そうした考え方を表した典型的なものである。

アカデミーは、1686年の会合でル・ミュエの「建築技法」をとり上げ、「当代の慣行と様式に合わせて」、その家屋のプランに代わる新しいプランの作成に着手することを決めた(65)。それを受けてビュレが作成した試案は、一階の街路側に店舗、その奥に台所と食糧貯蔵室、上階に寝室を2つ前後に並べ奥の寝室に小部屋を付けた、間口3トワズ（18ピエ）の商人向け家屋のプランであった。その間口の大きさは「建築技法」の第3類型敷地もしくは第4類型敷地に相当するが、「建築技法」のプランには描かれることのなかった店舗が一階の広間にとって代わっている点が「建築技法」のプランと比べて大きく異なる。また、上階では衣裳部屋がより独立性の高い寝室に置き換わっている。結局、このビュレの案はそれ以上検討されることはなく、ル・ミュエのプランの全面的更新の最終的な決定は1710年の会合まで留保される(66)。

しかし、その間にも、「建築技法」はさらに別の視点からアカデミーの会合でとり上げられ、検討されている。1699年の会合では、16世紀イタリアの建築家パラディオの正方形の広間をめぐって、イタリアと異なる慣行のあるフランスでは広間や寝室は正方形にこだわることなく寝台の置き場所などを考慮して縦長とすべきであるという結論が示され、その結論に叶う模範的な例としてル・ミュエの「建築技法」が挙げられている(67)。また、1704年の連続5回にわたる会合では、「建築技法」に触れながら、ル・ミュエがその中で具体的な基準をほとんど示さなかった組積壁の構造についてのアカデミーの詳細な基準が示され、広間や寝室の天井高についてル・ミュエの基準を上回る基準が新たに定められ、そしてさらに、開口部の立ち上がりや階高はル・ミュエの基準ではもはや小さすぎることが指摘された(68)。そのようにして、アカデミーは、正方形という形の基準に固執するイタリアとは異なるフランスの慣行に従って、居室の利用に基づいてその寸法を決定するル・ミュエの設計方法を肯定的に評価す

ると同時に、他方では、「建築技法」に代わる、時代の要請に合った内容の新しい建築書の作成へと向かっていったのである。[69]

19世紀の建築家ヴィオレ・ル・デュックは、1863年の著書「建築講話」の「私的建築に関する」講話の中で、最も興味深い作品の一つとしてル・ミュエの「建築技法」を挙げている。住宅は住む人の「生活を包む器」であり、その人の暮らし方や生活習慣を反映した建築でなければならないという原則を掲げるヴィオレ・ル・デュックは、最小限の家屋から始めて、徐々により大きな家屋へと移行し、個人専用邸宅にまで及ぶ多様な住宅建築を序列化して並べたル・ミュエの著作を、「下から上まで社会のあらゆる層」の人々の暮らしに対応した建築のあり方を示す作品として賞讃するのである。[70] ル・ミュエは「建築技法」の中で家屋を敷地の間口と奥行きという空間的属性によって序列化し、居住者の社会的階層には一切言及していないが、ヴィオレ・ル・デュックはその空間的属性によって序列化された家屋に居住者の社会的階層を重ね合わせて見ていたのである。ヴィオレ・ル・デュックの意図は、住宅に関する自らの原則論に照らして、ル・ミュエをはじめとするフランスの建築家の住宅建築を高く評価すると同時に、「ポルティコを付けた中庭」を囲む建築プランに固執するローマやフィレンツェなどのイタリアの都市の邸宅建築をその対極に位置付け、「快適性に欠けた、立派に見せようとする意図が見え透いた」建築であり、「住む人の生活習慣の刻印が見られない」としてそれを批判することにあった。[71] ル・ミュエの「建築技法」は、イタリア建築の形式主義に対置されたフランス建築の実質主義という構図の中で、そのフランス建築の伝統を担う代表的な著作として捉えられていたのである。

空間の利用という実質に依拠するル・ミュエの設計方法は、居住者の階層という要因を介在させることなく、敷地の空間的属性を基準として展開される。ル・ミュエは、間口12ピエ、奥行き21.5ピエの最小規模（約27.3㎡）の第1類型敷地から、間口およそ38ピエ、奥行き100ピエ（約403㎡）の第7類型敷地まで、間口と奥行きが連続的に変化する敷地を7段階に分けて設定し、さらにその連続的な変化の範囲を、長方形の比例をもつ、間口57ピエ、奥行き120ピエの第9類型敷地と、間口72ピエ、奥行き112ピエ以上（奥の庭園部分を含まない）の第11類型敷地、および、正方形に近い比例をもつ、間口50ピエ、奥行き58ピエの第8類型敷地と、間口72ピエ、奥行き74ピエの第10類型敷地の代表的な事例によって敷衍し拡大する。そして、そのような敷地の規模の変化に応じて、家屋を構成する居室や空地の規模、数そして種類を変化させながら、家屋の平面を決定してゆく。それらの構成要素の規模や配置には快適性に配慮した基準があり、それによって平面の変化は有限かつ現実的なものとなる。

敷地の規模の変化に伴う家屋の平面構成の変化を、居室のまとまりから成る住棟に着目して見てみると、各階一室から成る最小限の第1類型敷地から始まって、間口と奥行きが拡大するにつれて、居室の規模が拡大し、あるいは中庭側に第2の居室が現れて奥行き二室構成に転換する（第2、第3類型敷地）。敷地の奥行きがさらに拡大すると、敷地奥に第2の住棟が現れたり（第4類型敷地）、その背後に第2の中庭（第5類型敷地）が現れる。敷地の間口の拡大に伴っては、街路沿いの住棟から奥にのびる翼棟が現れ、敷地奥に第2の住棟がある場合はそれともつながる（第5、第6、第8類型敷地）。正方形の比例によって間口がさらに拡大した敷地においては、敷地の前後に2つの住棟を配置する代わりに、中庭と庭園に挟まれた主たる住棟を敷地の中央に置き、左右の翼棟をその手前と奥にのばした配置も見られる（第10類型敷地）。敷地のさらなる拡大は住棟や中庭の規模をより大きくする余地を生み、とりわけ奥行きの拡大は敷地奥の住棟の背後に庭園を出現させる（第7、第9、第11類型敷地）。

そうしたル・ミュエの方法論は、多様な家屋が集積する現実の市街地を物理的空間として観察し捉えるところから生まれるのであろう。現実に存在する多様な家屋を捉えようとする時、家屋もしくはその基盤を成す敷地の空間的な属性に着目して、連続的な変化を捉えることができる量の物差しの上にそれをのせてみることは、自然であり合理的である。しかし、敷地の規模が家屋の空間構成の決定要因となるためには、敷地の建築部分と空地部分の均衡によって定義される敷地の有効な利用を求める現実的な力の作用を前提とする必要がある。敷地の有効利用の追求は、一般に、敷地

外の空地である街路と敷地内の中庭に開口を開く建物を生み出し、街路沿いからの建築の展開を促す。ル・ミュエがそうした現実的な力の存在を認識していたことは、「建築技法」の概説に示された建築要素の基準がしばしば最小基準として提示されていることや、狭小な敷地においては適正な基準からはずれることが許容されていることなどからも窺い知ることができる。また、ル・ミュエが類型敷地の主要な変化の範囲を現実の市街地において多数を占める一般的家屋の規模の範囲に限定したことも、同じ現実主義的な認識と結びついていると考えられる。建築空間の利用という実質は、土地の有効利用という要因を介在させることによって、敷地の規模という実質と結びつく。

そのようにして、敷地の規模によって家屋の構成が決定されるという認識に立つことができれば、敷地や家屋の規模を類型化された居住者の階層と対応させた上で居住者の階層に応じた家屋の構成を示すという方法は、人間を基準とすることにこだわった迂回した形式主義的な方法となって意味を失う。ル・ミュエは類型化された居住者の階層ではなく実際の居住者の意思には配慮しているのであり、配置の決定の所所で建築主の判断に委ねる部分を残しているのはその表れであろう。形式的に居住者に遡る手続きを省いて、その手前にある実質的な敷地条件と直接向い合って結論を引き出すル・ミュエの方法には、人間が対象と直接に向い合って認識を展開しようとする近代科学の基本的な思考方法と通じるものがある。そして、また、連続的に変化しうる空間の量に着目し、最小限の敷地から始めて次第により大きな敷地の問題の解決へと進んでゆくル・ミュエの方法も、単純なものから始めてより複雑なものの理解へと進み物事を統一的に捉えようとする科学的な思考方法に通じる。ル・ミュエはそれと同じ方法を、居住者層による家屋の分類をとりはするが、「低いものから始めて、少しずつより高いものへと進んでゆこう」、と語るセルリオの中にも見出していたかも知れない。しかし、思想家デカルトも、おそらくセルリオやル・ミュエの著作から直接示唆を受けることなく、「最も単純で最も理解し易いものから始めて、階段を上るごとく少しずつ進み、最も複雑なものの理解へと思考を進める」、と自らの方法論を語り、また、「物体の本性は（……）長さと幅と深さにおける広がりという実質に存する」、という認識論を展開している。そのデカルトの認識論は、「建築技法」の概説の「組積構造物および掘削空間の測定についての端書」において空間の属性である長さと幅と厚さもしくは深さの単純な関係に言及し、それに依拠して一連の家屋の設計を展開するル・ミュエの空間認識とも重なり合う。たとえ細い底流のごときものであっても、時代の状況が顕在化させ易い思考の傾向というものがあり、それをも含めて時代の思潮と言うとすれば、ルネサンスを契機として人間や自然に直接向けられた意識が現代に至るまで育み続けてきた科学的思潮の一端が、ル・ミュエを含むそれらの人々の思考に表れているのであろう。

注：

1 Edit de juillet 1605。Lettres patentes du 28 mai 1607。Edit de décembre 1607 sur les attributions du grand voyer, la juridiction en matière de voirie, la police des rues et chemins, etc。

2 シャトレ裁判所官吏の調査結果によれば、16世紀初めにおよそ30万人であったパリの人口は1590年に22万人に落ち込んだ後、1637年には41万5千人に急増したという（Jean-Pierre Babelon, "Demeures parisiennes sous Henri IV et Louis XIII", p.38）。

3 セネアンによれば、今日、「建築家」および「建築」の意味で用いられる"architecte"および"architecture"というフランス語は16世紀に用いられ始めた言葉であり、1539年には、Robert Estienneが石工頭や大工頭の意味で"architectus"という言葉を用いている（Lazare Sainéan, "La langue de Rabelais", I, pp. 54-55）。

4 Marcus V. Pollio Vitruviusの「建築十書」("De architectura libri decem")は、紀元前1世紀、アウグストゥス帝の時代に書かれたと考えられている。

5 Leone Battista Alberti（1404-1472年）は建築を含む芸術や科学の多方面に渡って活躍した。その建築書"De re aedificatoria"（1452年)は、ジャン・マルタンによってフランス語に翻訳され、「建築および良き建築術」("L'Architecture et Art de bien bastir...")として、1553年にパリで刊行された。

6 Sebastiano Serlio（1475-1554）はボローニャに生まれ、ローマやヴェネチアで活動した後、1541年、フランソワ1世に招かれてフランスに渡った。建築7書の執筆のほか、アンシィ・ル・フラン城やグラン・フェラール邸などの建築に携わった。

7 Philibert De Lorme（1515?-1570）はリオンの石工頭の家に生まれ育ち、ローマにも学んだ建築家で、フランス古典主義建築の創始者と目されている。"Premier tome de l'Architecture" や "Nouvelles inventions pour bien bastir à petits frais" の執筆のほか、フォンテヌブロー城、サン・ジェルマン・アン・レイ新城、ヴァンセーヌ城、アネ城などの建築に携わった。

8 ル・ミュエの経歴にも触れた文献として次のものがある。Louis Hautecoeur, "Histoire de l'Architecture classique en France", tome I-3("L'architecture sous Henri IV et Louis XIII")。Claude Mignot, "Manière de bien bastir pour toutes sortes de personnes" のための序文・解説。

9 Mignot, 前掲解説。

10 Hautecoeur, 前掲書, pp.16-17, pp.52-53。

11 Hautecoeur, 前掲書, pp.52-53。Salomon de Brosse (1571-1626) は建築家の家系に育ち、リュクサンブール宮、クロミエ城、ブレアンクール城、サン・ジェルヴェ教会ファサード等の設計に携わった。

12 Hautecoeur, 前掲書, p.53。

13 Hautecoeur, 前掲書, p.53。

14 Jacques Lemercier（1585-1654）は、ルーヴル宮の拡張、リシュリウ宮（現パレ・ロワイヤル）、ソルボンヌ、新都市リシュリウ等の設計に携わった。

15 Henri Sauval, "Histoire et recherches des antiquités de la Ville de Paris", tome II, pp.202-203。その著書は、Henri Sauval（1620-1669/70）の死後、1724年に刊行されたが、刊行允可は1654年に取得されており、その頃には執筆が進んでいたとみられる。

16 ヴィトルヴィウスの「建築十書」は、1673年のクロード・ペローの仏語訳版によった。"Vitruve Les dix livres d'architecture", p.22。

17 Vitruve, 前掲書, pp.29-30。

18 Vitruve, 前掲書, pp.52-55。

19 Vitruve, 前掲書, p.188。

20 Vitruve, 前掲書, p.195。

21 Vitruve, 前掲書, p.201。

22 Vitruve, 前掲書, p.197。

23 Vitruve, 前掲書, pp.198-199。

24 フォンテヌブローで書かれたセルリオの第6書の手稿は、その後長くフランスにあったが、現在はアメリカのコロンビア大学エイヴリィ図書館に所蔵され、1978年にローゼンフェルドの解説と共に刊行されている。Myra Nan Rosenfeld, "Sebastiano Serlio, On Domestic Architecture", NewYork,Architectural History Foundation, Cambridge,Massachusetts and London, England, MIT Press, 1978. Ibid., "Serlio on Domestic Architecture, Sebastiano Serlio", Mineola, New York, Dover Publications, 1996. なお、リオンで書かれたセルリオの第2の手稿は、ミュンヘンのバイエルン州立図書館に所蔵されており、1966年にロッシィの解説と共にミラノで刊行されている。Marco Rosci, "Vol.1, Il trattato di architettura di Sebastiano Serlio", "Vol.2, Sesto libro delle habitationi di tutti li gradi degli huomini", Milan, Istituto di Storia dell'Arte, I.T.E.C., 1966。

25 David Thomson, "Renaissance Paris, Architecture and Growth, 1475-1600", Berkeley and Los Angels, University of California Press, 1984（Rosenfeld, 前掲書, 1996, p.5）。

26 Mignot, 前掲序文・解説。Jacques Androuet Du Cerceau(1515-1590)は版画家としても活躍し、"Livre d'architecture" や "Les plus excellents bastiments de France" などを著した。

27 ローゼンフェルドによれば、アルブレヒト・デューラー (1471-1528) の "Apocalypse"（1498）および "Etliche Underricht zu Befestigung des Stett, Schloss und Flecken"（1527）がセルリオの第6書の編集形式に影響を与えた（Rosenfeld, 前掲書, 1996, pp.37-39）。

28 ミニョは、「建築技法」の第12および第13類型敷地の家屋はセルリオおよびデュ・セルソーがとり上げた田園の家屋を意識して描かれたと指摘する（Mignot, 前掲序文）。

29 Rosenfeld, 前掲書, 1996, pp.43-45。

30 Vitruve, 前掲書, p.198-199。

31 セルリオは、居住者の属性と家屋の関係に関して次のように記している。「時として、非常に裕福な市民が、極めて志が低く卑しいが故に、強欲に負けて、古く、すすけた、今にも壊れんがばかりの家屋に住み、そして、蓄え少なく、現下の収入でぎりぎりに生活する別の市民が、物惜しみ無く寛大であり、資産を売り払って素晴らしい家を建てることがある」（第6書、バイエルン州立図書館所蔵手稿）。引用は James S. Ackerman の英訳による（Rosenfeld, 前掲書, 1996, p.12）。Ackerman によれば、セルリオの「市民」は、当時のヴェネチア共和国において、多くの権利や特権を有するが国政には直接参加しない医師、弁護士、公僕などの専門職を指す（Rosenfeld, 前掲書, p.13）。

32 前注5参照。

33 Simone Roux, "Habitat urbain au Moyen Age. Le quartier de l'Université à Paris", pp.1196-1219。

34 Ministère des Affaires culturelles, "Principes d'analyse scientifique. Architecture Méthode et vocabulaire", Imprimerie nationale,1972. Louis Savot, "L'architecture française des bastiments particuliers", p.82。

35 Savot, 前掲書, pp.94-95。

36 Madelaine Jurgens & Pierre Couperie, "Le logement

à Paris aux XVIe et XVIIe siècles: une source, les inventaires après décès", pp.488-500。Babelon, 前掲書, pp.91-93。

37 ソヴァルが、ある夫人の証言として記すところによれば、パリにカロスが現れたのは16世紀末以降であり、最初のカロスの所有者は富裕な薬剤師の娘であった（Sauval, 前掲書, tome I, p.191）。また、バブロンによれば、1610年にはパリに325台のカロスがあり、1619年の文献（"Plaisants galimatias d'un Garçon et d'un Provençal"）の中には、結婚誓約書において未来の花嫁に馬車門付きの家と馬車を約束するくだりも見出される（Babelon, 前掲書, p.86）。

38 Ordonnance du prévôt de Paris pour la police générale, et règlement sur la voirie, 1600年9月22日。

39 1605年6月1日の国王からヴィデヴィルのニコラ・シュヴァリエ氏への売却契約書に見られるように、ロワイヤル広場の画地の売却契約においては、買い主に対して、一階の歩廊に開かれた店をもつパヴィリオンを建設することが義務付けられた。

40 オトケールによれば、革命前のアンシャン・レジーム期のパリでは下屋形式の店が多数存在していた。Louis Hautecoeur, "De l'échoppe aux grands magasins", pp.811-816。

41 Savot, 前掲書, pp.25-26。また、バブロンは、ル・ミュエが「建築技法」に店を描かなかったのは、「建築家の尊厳」のためであろうと推測する（Babelon, 前掲書, p.90）。

42 Coutume de Paris, 第193条。Arrêt du Parlement, 1533年9月13日。

43 Sentence de police, 1647年3月8日。

44 Savot, 前掲書, pp.42-43。

45 Michel Gallet, "Stately Mansions: Eighteenth Century Paris Architecture", p.65。

46 C.J.Toussaint, "Mémento des architectes et ingénieurs, entrepreneurs, toiseurs, vérificateurs et des personnes qui font bâtir...", p.6, pl.6。

47 Jurgens & Couperie, 前掲論文, pp.493-497。

48 パリでは内部が住戸に分割された共同住宅建物は19世紀には一般化するが、ジュルジャンとクプリによれば、既に18世紀初めには、例えば二階の台所と4室のように同じ階の複数の室から成る住戸の賃貸借例が見られる（Jurgens&Couperie, 前掲論文, pp.497-499）。

49 Hautecoeur, 前掲書, pp.696-705。Babelon, 前掲書, pp.97-104。

50 1607年12月の勅令（前注1）。

51 Ordonnance de police sur les pignons et pans de bois, 1667年8月18日。Déclaration du roi portant règlement pour les fonctions et droits des officiers de la voirie, 1693年6月16日。Déclaration du roi concernant les alignements et ouvertures de rues dans Paris, 1783年4月10日。

52 Jacques-François Blondel, "Cours d'architecture", tomeVI, p226。J.-F. Blondel（1705-1774）は、1762年に建築アカデミー教授に就任し、建築教育に携わった。

53 Babelon, 前掲書, pp.63-64。

54 Vitruve, 前掲書, p.125。ヴィトルヴィウスの原典にあったであろう図版類は、ほとんどが中世の古写本の段階で失われていたとされる。

55 エンタブラチャーのかさ上げをする小屋組では、かさ上げをしない小屋組よりも石造の屋根窓の立ち上がりを小さくできるので、構造上の負担も小さくなる（Babelon, 前掲書, pp.63-64）。

56 Commandant Raymond Quenedey, "L'habitation rouennaise.Etudes d'histoire, de géographie et d'archéologie urbaines", pp.213-221。

57 François Mansard（1598-1666）は、ル・ミュエと同世代のパリ生まれの建築家であり、フランス古典主義建築の先駆者の一人とされる。Nicolas-François Blondel（1617-1686）は、前出のサヴォの著書（1685年版）の注解の中で、マンサールが腰折れ屋根の発明者であるとし、ル・ミュエによるパラディオのオーダー論の翻訳書に掲載されたマンサール式屋根の図を引用している（Savot, 前掲書, pp.309-310）。

58 ルアンではかさ上げのある腰折れ屋根も多数つくられた（Quenedey, 前掲書, p.220）。

59 ル・ミュエの没後、1681年に刊行された「建築技法」第3版では、パラディオのオーダー論の翻訳書に掲載された腰折れ屋根の図が付け加えられている。

60 Babelon, 前掲書, p.65。Quenedey, 前掲書, p.220。

61 ローゼンフェルドによれば、Alvise Cornaro（1475-1566）は、1520年代に書かれたとみられる建築書に、次のように記している。「市民の家屋敷の美観と快適性は重要である。なぜなら、それらは無数にあって、都市を形づくっているからである。（……）ところが、建築家達はそれらについてほとんど何も書いてこなかった。それ故に、私は、建築家ではなく市民に向かって説くために、それについて書く次第である」（Giuseppe Fiocco, "Alvise Cornaro, il suo tempo et le sue opere", Vicenza, 1965。Rosenfeld, 前掲書, p.44）。

62 Savot, 前掲書, pp.352-353。Louis Savot（1579頃-1640頃）はブルゴーニュ地方のソリウ村に生まれ、パリに出て医学を修めた。1624年に刊行された著書"L'architecture française des bastiments particuliers"は、その死後、1685年に再版刊行されている。

63 デカルト（1596-1650）は次のように記す。「個人の

建物が公共の美観の形成に資するようにするために、それに目を配る担当の官吏を絶えず配備しておかなければならなかったことを考えるならば、他人がつくる物にはたらきかけるだけで物事を完璧に成就しようとするのは難しいことが分かるであろう。(……) 都市の家屋を異なる風につくり替え、街並みをより美しくする目的から、都市のすべての家屋を取り壊すのを見ることはないが、ある人々が自分の家を建て替えるためにそれを取り壊す(……)のを見ることはある。そうした例から、私は、個人が、国家のすべてを根底から変え、国家を再建するためにそれを転覆することによって、(……) 国家を改造しようと企てることは正しくないと確信した」(Descartes, "Discours de la méthode", in "Oeuvres de Descartes", tome VI, pp.12-13)。

64　ドフィーヌ広場の土地は、予め作成された図面に従って建築を行なうことなどを条件として、国王から高等法院長官アルレーに払い下げられた (Lettres patentes, 1607年5月28日)。

65　Henri Lemonnier, "Procès-verbaux de l'Académie royale d'architecture", tome II, p.112-113。

66　Lemonnier, 前掲書, tome III, pp.344-345。

67　Lemonnier, 前掲書, tome III, p.86。

68　Lemonnier, 前掲書, tome III, pp196-199。

69　ル・ミュエの「万人のための建築技法」に代わるものとして、ティエルスレの「現代建築もしくは万人のための建築術」(L'architecture moderne ou l'art de bien bâtir pour toutes sortes de personnes) が1728年に刊行された。

70　Viollet-Le-Duc, "Entretiens sur l'architecture", tome II, pp.257-259, p.266。Eugène-Emanuel Viollet-Le-Duc (1814–1879) は、中世ゴシック建築に大きな関心を抱き、多くの歴史的建造物の修復に携わり、多数の著書を著した。

71　Viollet-le-Duc, 前掲書, tome II, p.265。

72　Mignot, 前掲解説。

73　Descartes, 前掲書, p.18。

74　Descartes, "Les principes de la philosophie", in "Oeuvres de Descartes", tome IX-2, p.65。

主要参考文献：

- BABELON, Jean-Pierre, "Demeures parisiennes sous Henri IV et Louis XIII", Le Temps, 1977.
- BLONDEL, Jacques-François, "Cours d'architecture", Chez la Veuve Desaint, 1771.
- "Oeuvres de DESCARTES", par Charles Adam et Paul Tannery, J.Vrin, 1964-1965.
- DESGODETS, "Les lois des bâtiments, suivant la coutume de Paris", Chez De Bure, fils, 1776.
- GALLET, Michel, "Stately Mansions: Eighteenth Century Paris Architecture", Praeger Publishers, 1972.
- HAUTECOEUR, Louis, "Histoire de l'Architecture classique en France", Editions A&J Picard, 1966.
- IDEM., "De l'échoppe aux grands magasins", Revue de Paris, 1933, pp.811-841.
- JURGENS, Madelaine & COUPERIE, Pierre, "Le logement à Paris aux XVIe et XVIIe siècles: une source, les inventaires après décès", Annales E.S.C., 1962, pp.488-500.
- LEMONNIER, Henri, "Procès-verbaux de l'Académie royale d'architecture", 1912.
- MIGNOT, Claude, Introduction et notes pour "Manière de bien bastir pour toutes sortes de personnes" par Pierre Le Muet, Pandora, 1981.
- MINISTÈRE des Affaires culturelles, "Principes d'analyse scientifique. Architecture Méthode et vocabulaire", Imprimerie nationale, 1972.
- QUENEDEY, Commandant Raymond, "L'habitation rouennaise. Etudes d'histoire, de géographie et d'archéologie urbaines", Gérard Monfort, 1977.
- ROSENFELD, Myra Nan, "Serlio on Domestic Architecture, Sebastiano Serlio", Mineola, New York, Dover Publications, 1996.
- ROUX, Simone, "Habitat urbain au Moyen Age. Le quartier de l'Université à Paris", Annales E.S.C., 1969, pp.1196-1219.
- SAINÉAN, Lazare, "La langue de Rabelais", 1922-1923 (Slatkin, 1976).
- SAVOT, Louis, "L'architecture française des bastiments particuliers", Chez la Veuve & C.Clouzier, 1685.
- SAUVAL, Henri, "Histoire et recherches des antiquités de la Ville de Paris", Chez Charles Moette, 1724 (Gregg International, 1969).
- TOUSSAINT, C.J., "Mémento des architectes et ingénieurs, entrepreneurs, toisseurs, vérificateurs et des personnes qui font bâtir...", Chez Félix, 1824-1829.
- VIOLLET-LE-DUC, "Entretiens sur l'architecture", A. Morel et Cie, 1863 (Pierre Mardaga, 1977).
- "VITRUVE Les dix livres d'architecture", 1673 (Balland, 1979).

付録：
「万人のための建築技法」
増補挿図

原著　増補口絵　　　　　　　　　　　　　　　　　　　　　　　付録：「万人のための建築技法」増補挿図

A

143

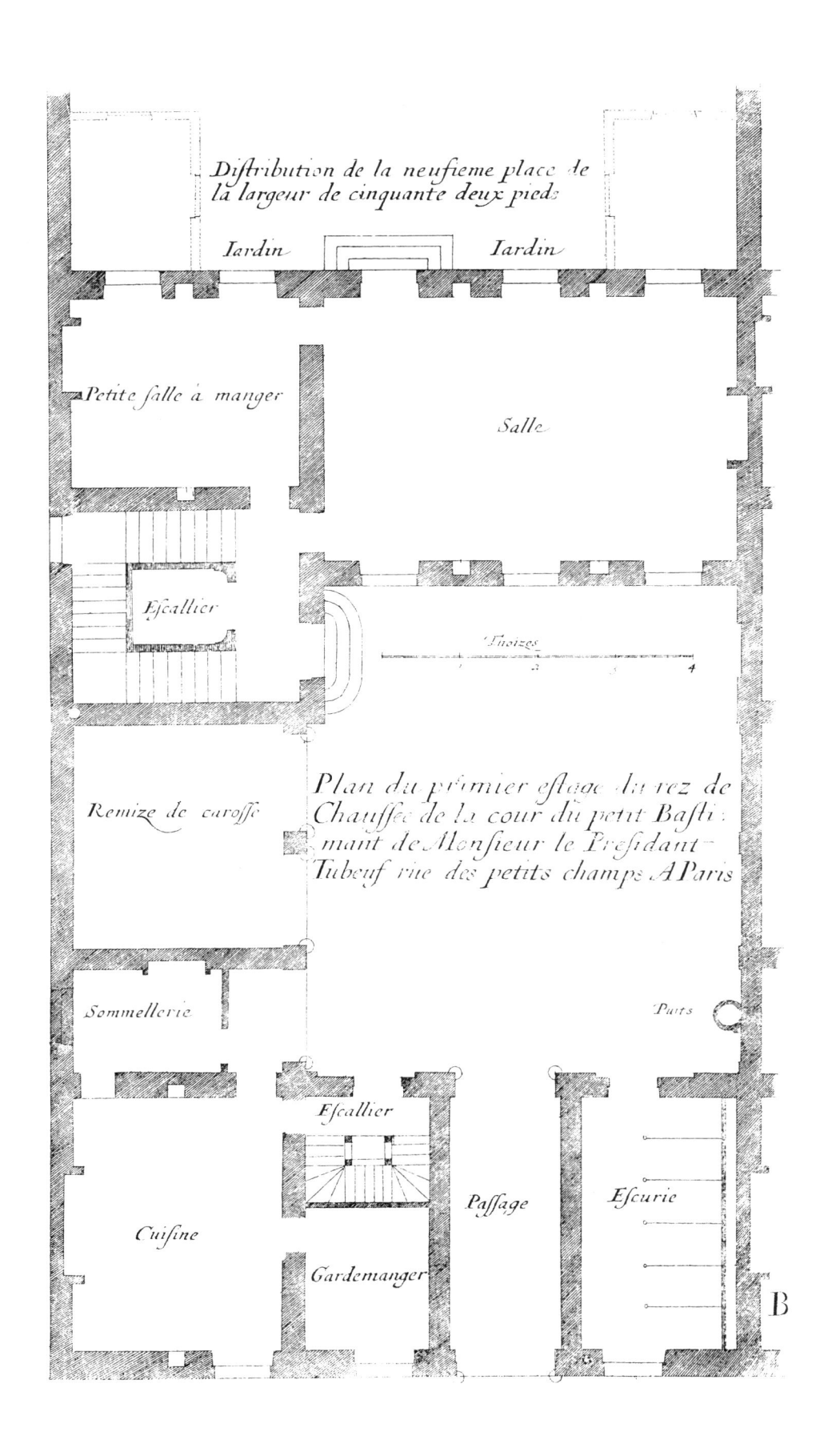

パリ、プティ・シャン通りの財務卿テュブフ持ち家　一階平面（第9類型敷地の配置）

Distribution de la neufieme place de la largeur de cinquante deux pieds

Iardin　　　Iardin

Petite salle à manger

Salle

Escallier

Toizes

Remize de carosse

Plan du premier estage du rez de Chaussée de la cour du petit Bastiment de Monsieur le Président Tubeuf rue des petits champs A Paris

Sommellerie

Puits

Escallier

Passage

Escurie

Cuisine

Gardemanger

B

家屋　二階平面　　　　　　　　　　　　　　　　　　　　　付録：「万人のための建築技法」増補挿図

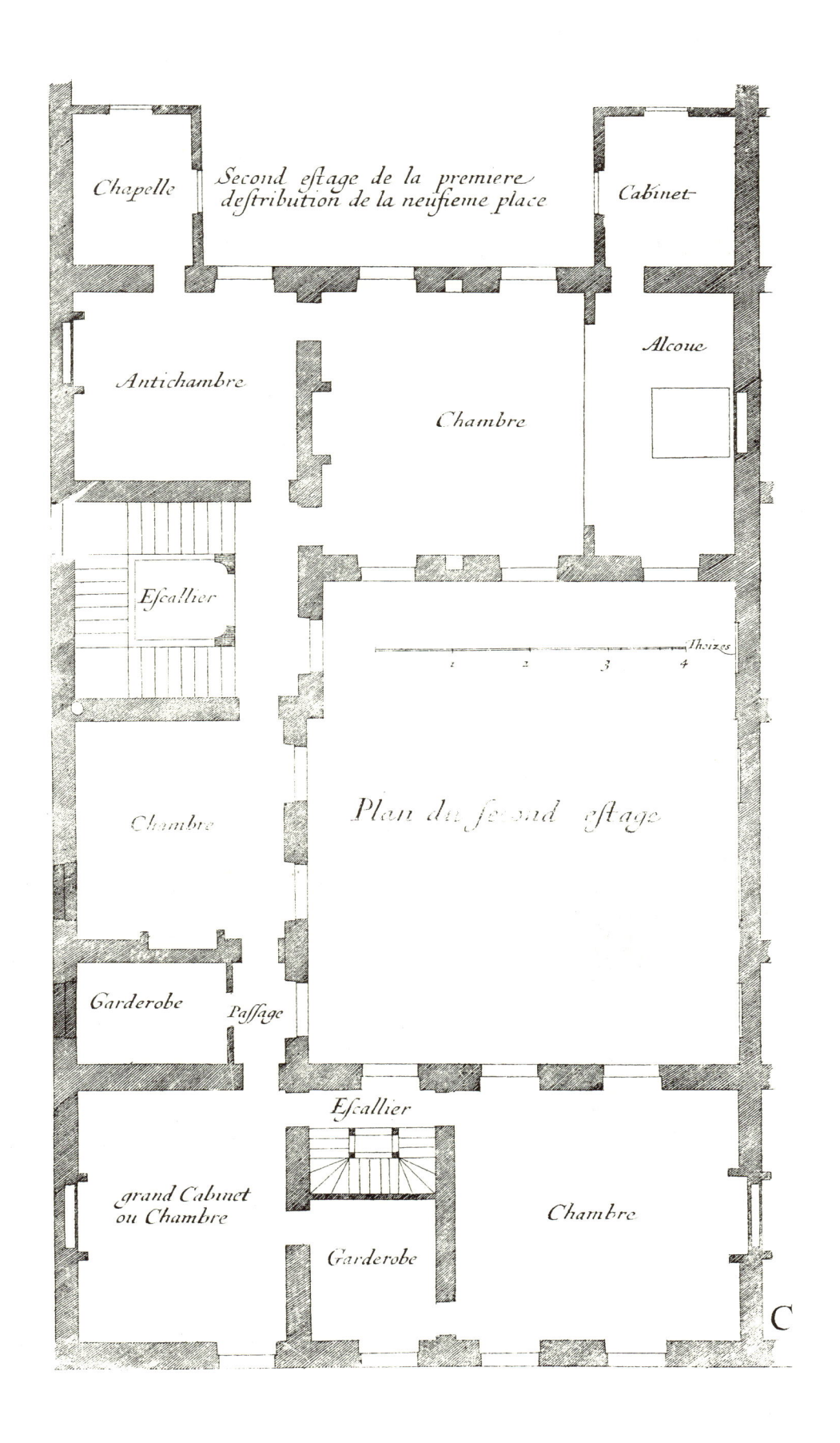

Chapelle　　*Second estage de la premiere*　　　　　*Cabinet*
　　　　　　　destribution de la neufieme place

Antichambre

Chambre　　　　*Alcoue*

Escallier

Chambre　　　*Plan du second estage*

Garderobe　*Passage*

Escallier

grand Cabinet　　　　　　　　　*Chambre*
ou Chambre
　　　　　　Garderobe

C

145

家屋　中庭側立面

FACE DV BASTIMANT DV COSTE DE LA COVR

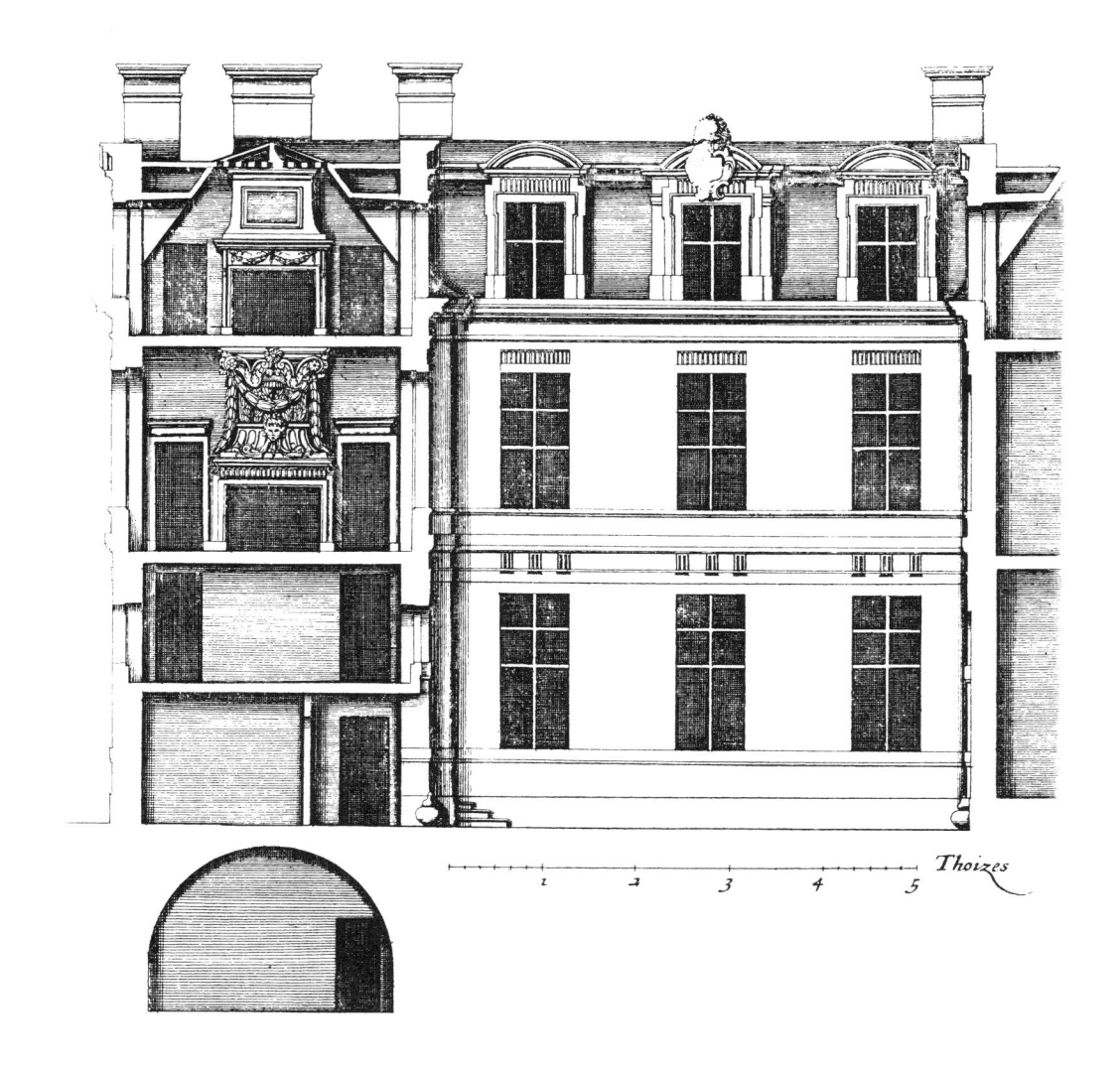

Thoizes

D

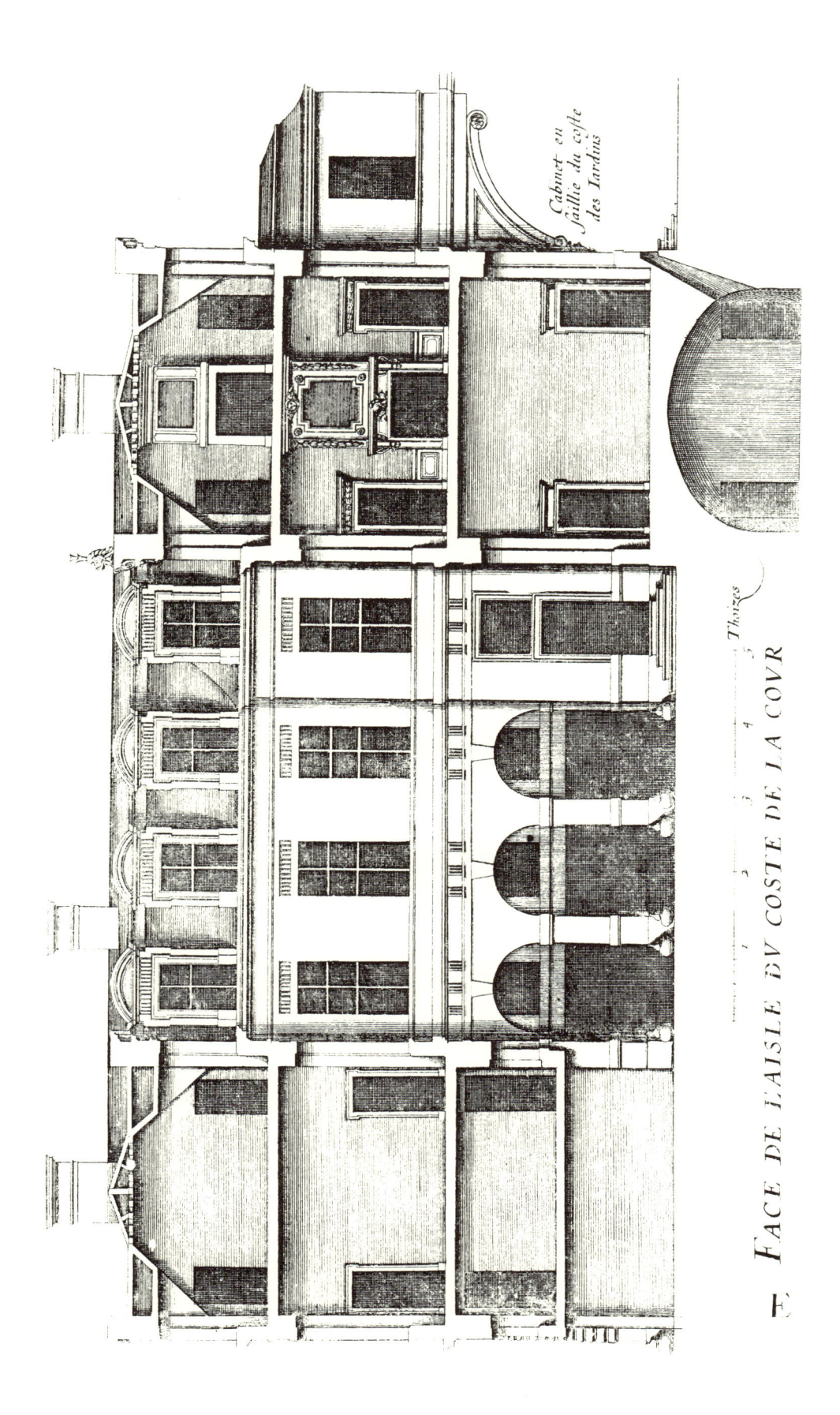

家屋　翼棟中庭側立面　　　　　　　　　　　　　　　付録：「万人のための建築技法」増補挿図

FACE DE L'AISLE DV COSTE DE LA COVR

Cabinet en saillie du costé des Iardins

Toizes

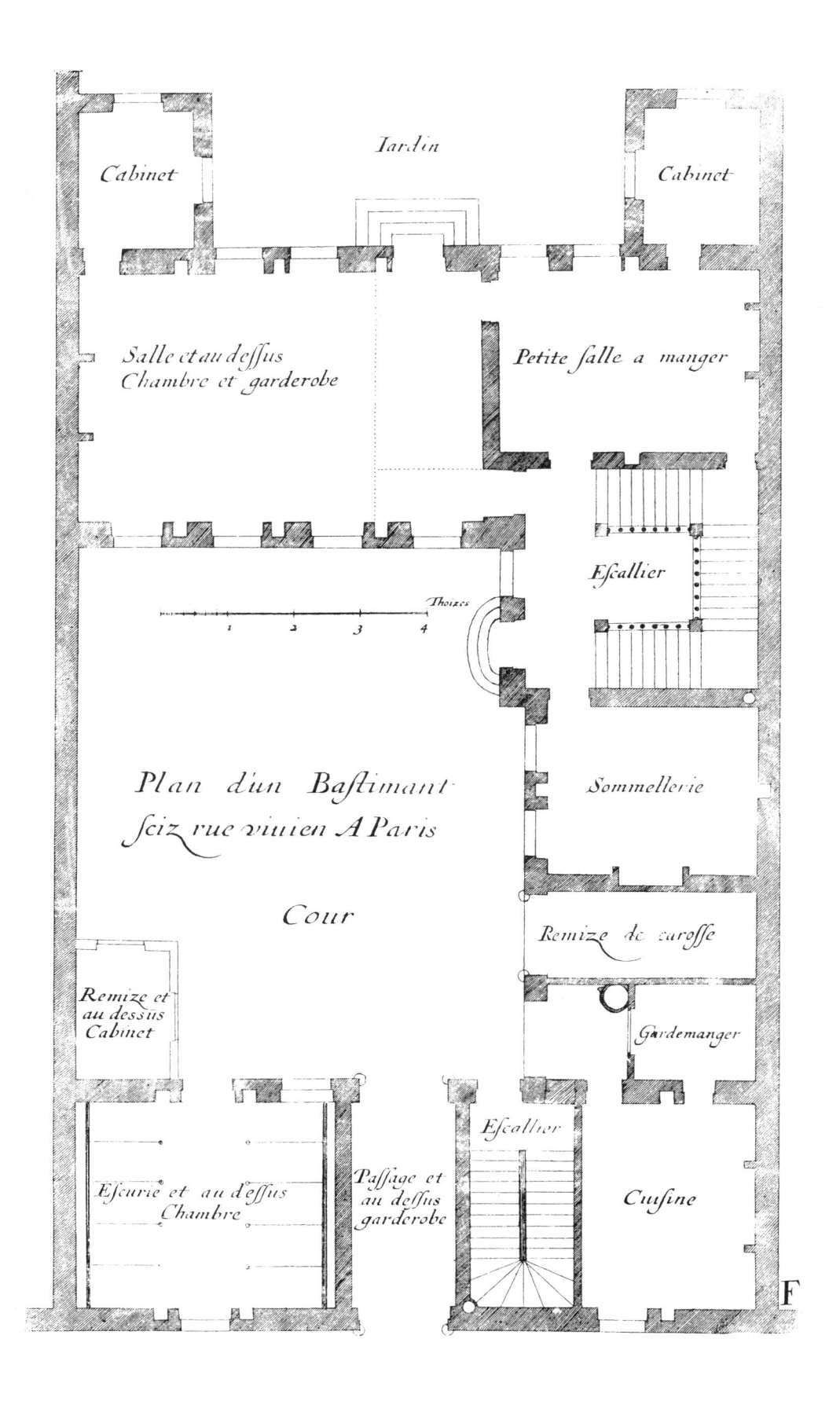

パリ、ヴィヴィアン［ヴィヴィエンヌ］通りの家屋　平面

Cabinet

Jardin

Cabinet

Salle et au dessus
Chambre et garderobe

Petite salle a manger

Escallier

Thoizes
1　2　3　4

Plan d'un Bastimant
sciz rue viuien A Paris

Sommellerie

Cour

Remize de carosse

Remize et
au dessus
Cabinet

Gardemanger

Escallier

Escurie et au dessus
Chambre

Passage et
au dessus
garderobe

Cuisine

F

家屋　中庭側立面　　　　　　　　　　　　　　　　　　　　付録:「万人のための建築技法」増補挿図

FACE DV BASTIMENT DV COSTE DE LA COVR

Thoizes

G

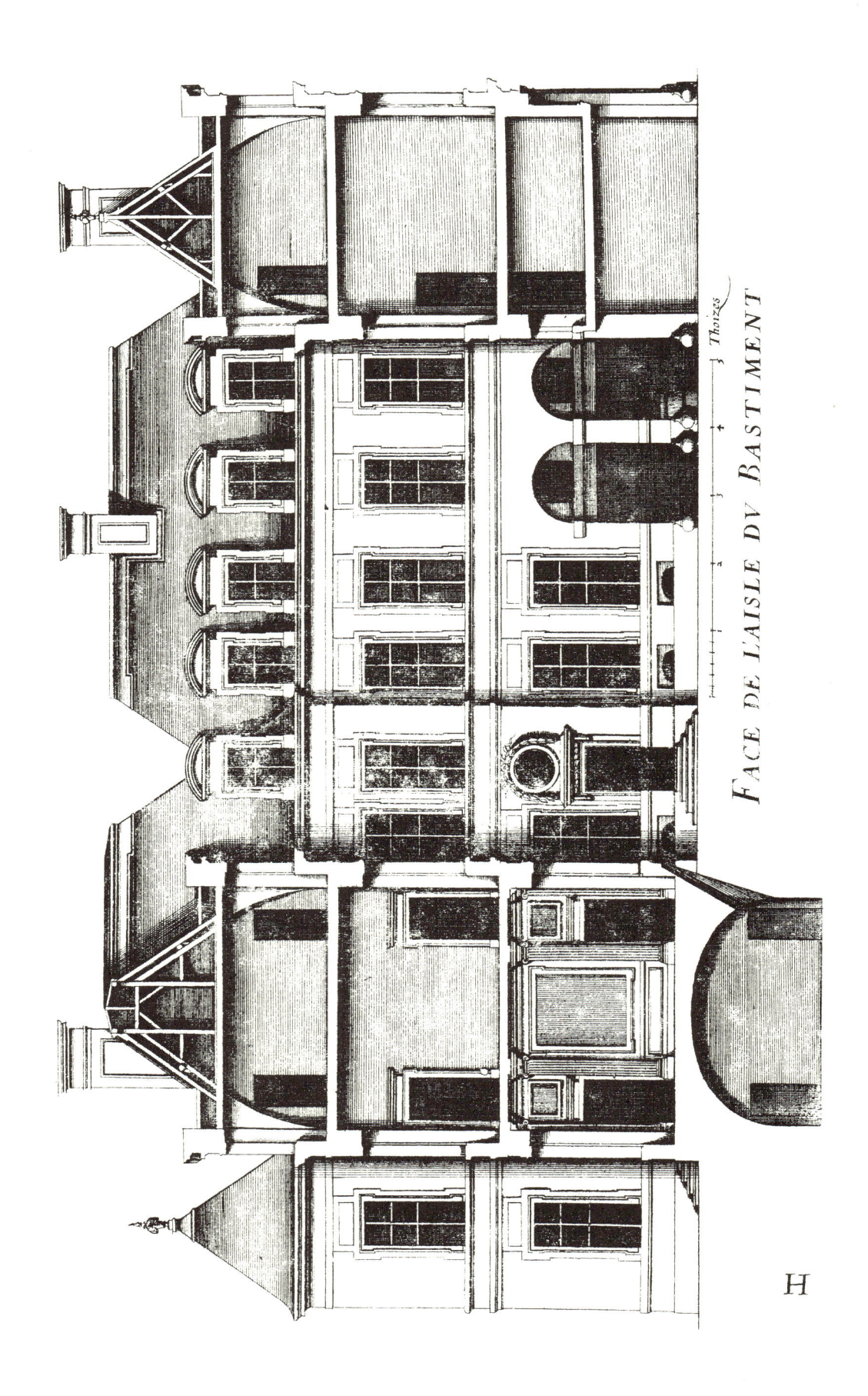

家屋　翼棟立面

FACE DE L'AISLE DV BASTIMENT

H

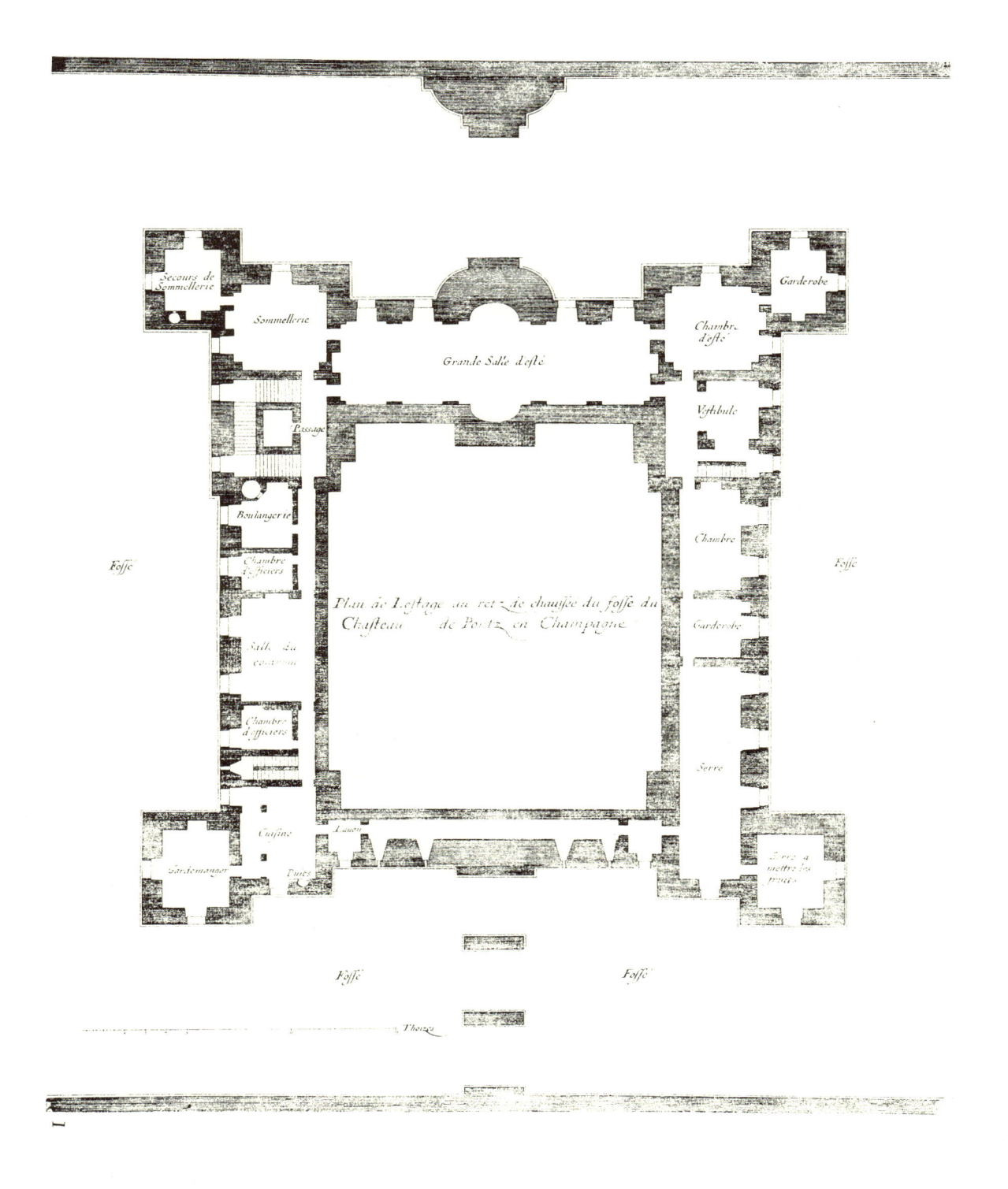

シャンパーニュ、ポン城　濠底階平面　　　　　　　　　　　　　付録：「万人のための建築技法」増補挿図

ポン城　中庭面一階平面

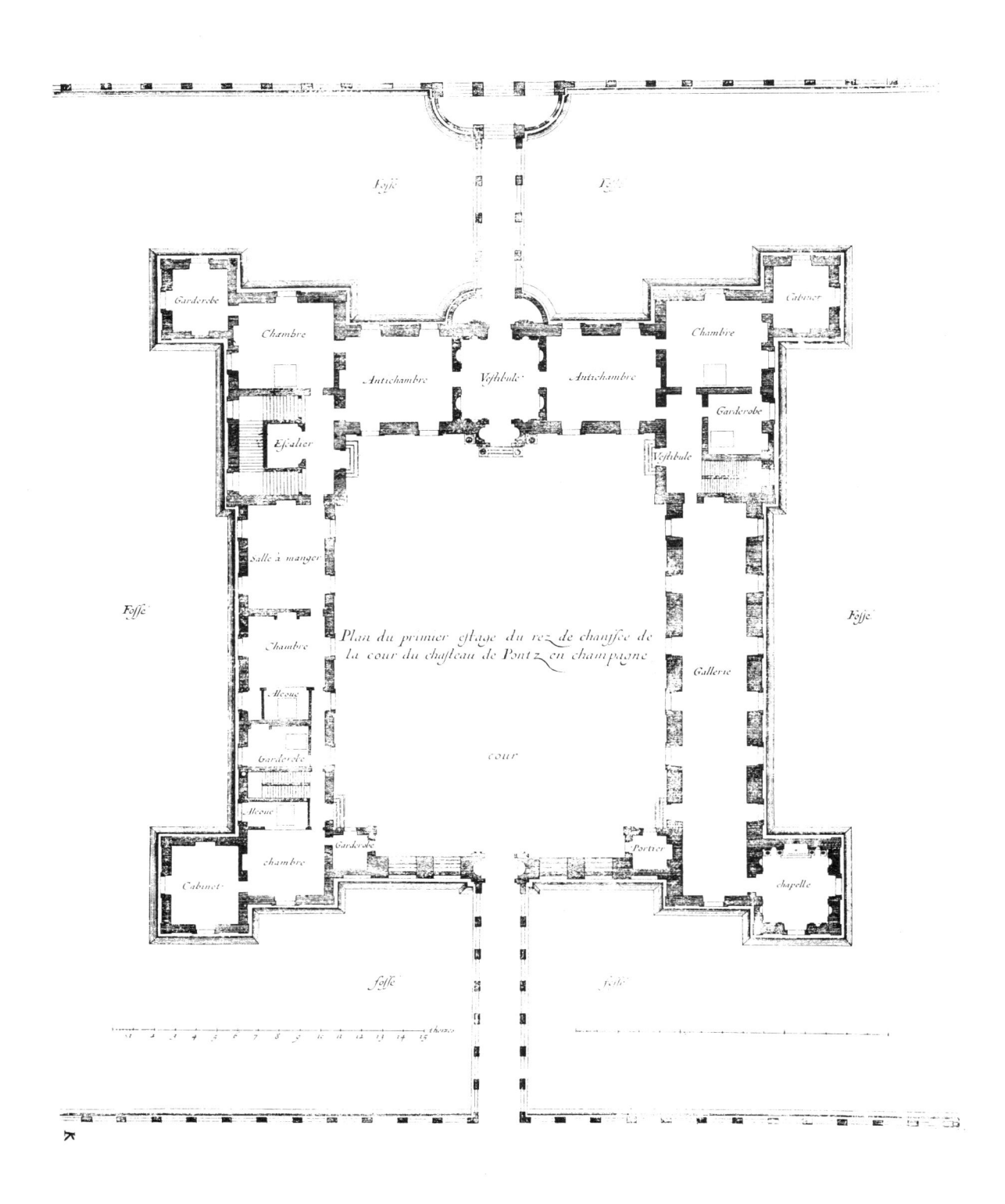

Plan du premier estage du rez de chaussée de la cour du chasteau de Pontz en champagne

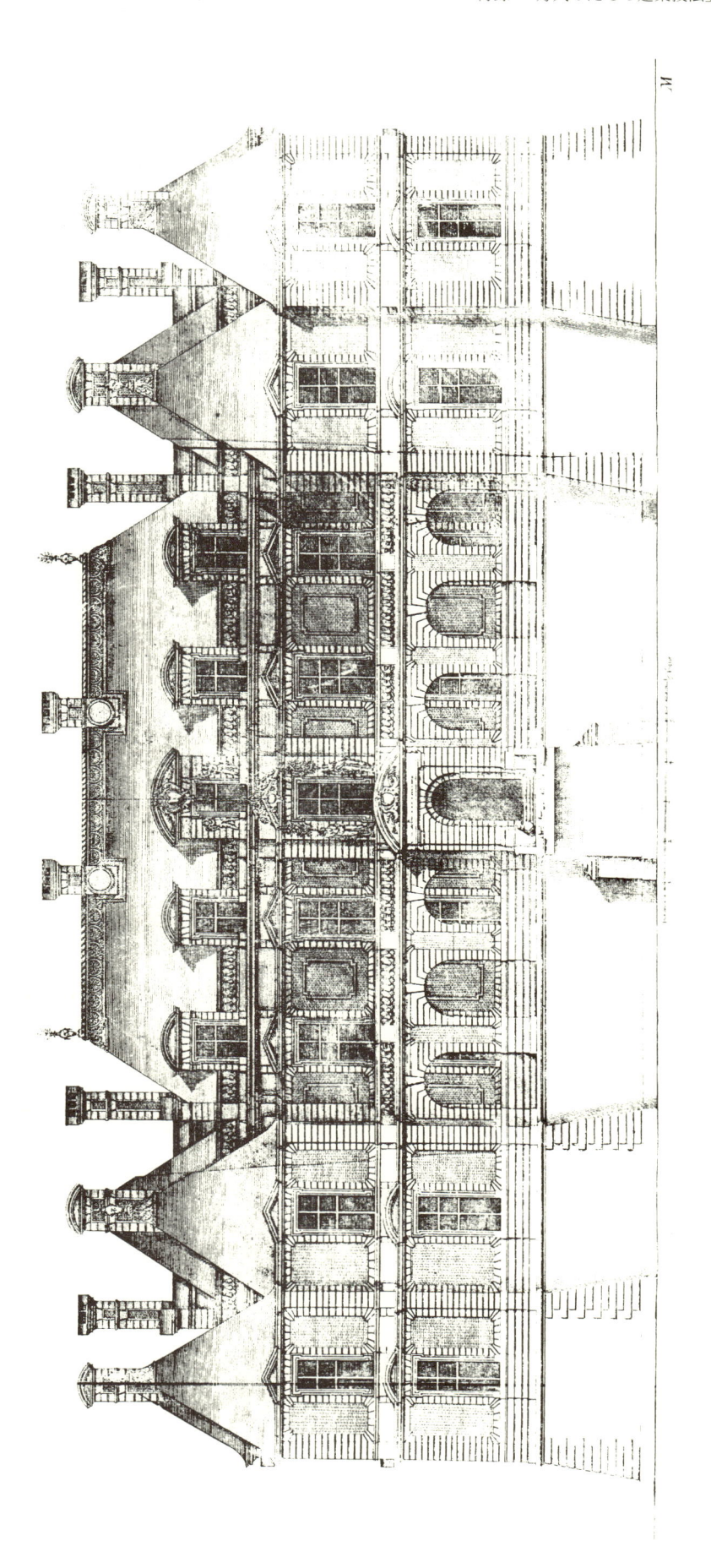

ポン城　中庭側立面と入り口テラスおよびパヴィリオン　　　　　付録：「万人のための建築技法」増補挿図

Face dv costé de la covr dv Chasteav de Pontz avec la terrasse de l'entree et pavillon svr le devant

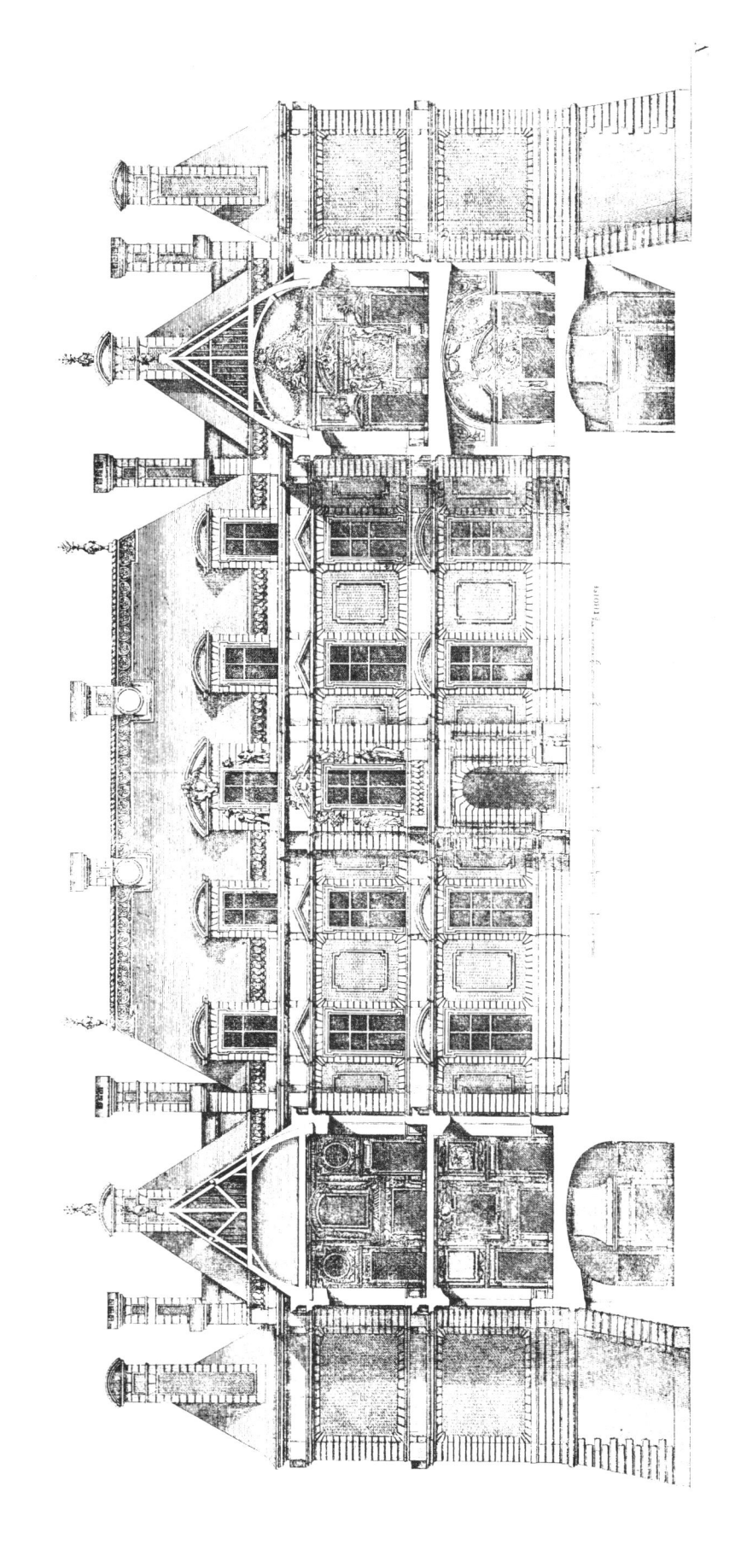

ポン城　中庭側立面

Face dv costé de la covr dv chasteav de Pontz en Champagne

ポン城　翼棟中庭側立面　　　　　　　　　　　　　　　　付録：「万人のための建築技法」増補挿図

FACE DE LAISLE DV COSTÉ DE LA COVR DV CHASTEAV DE PONTZ

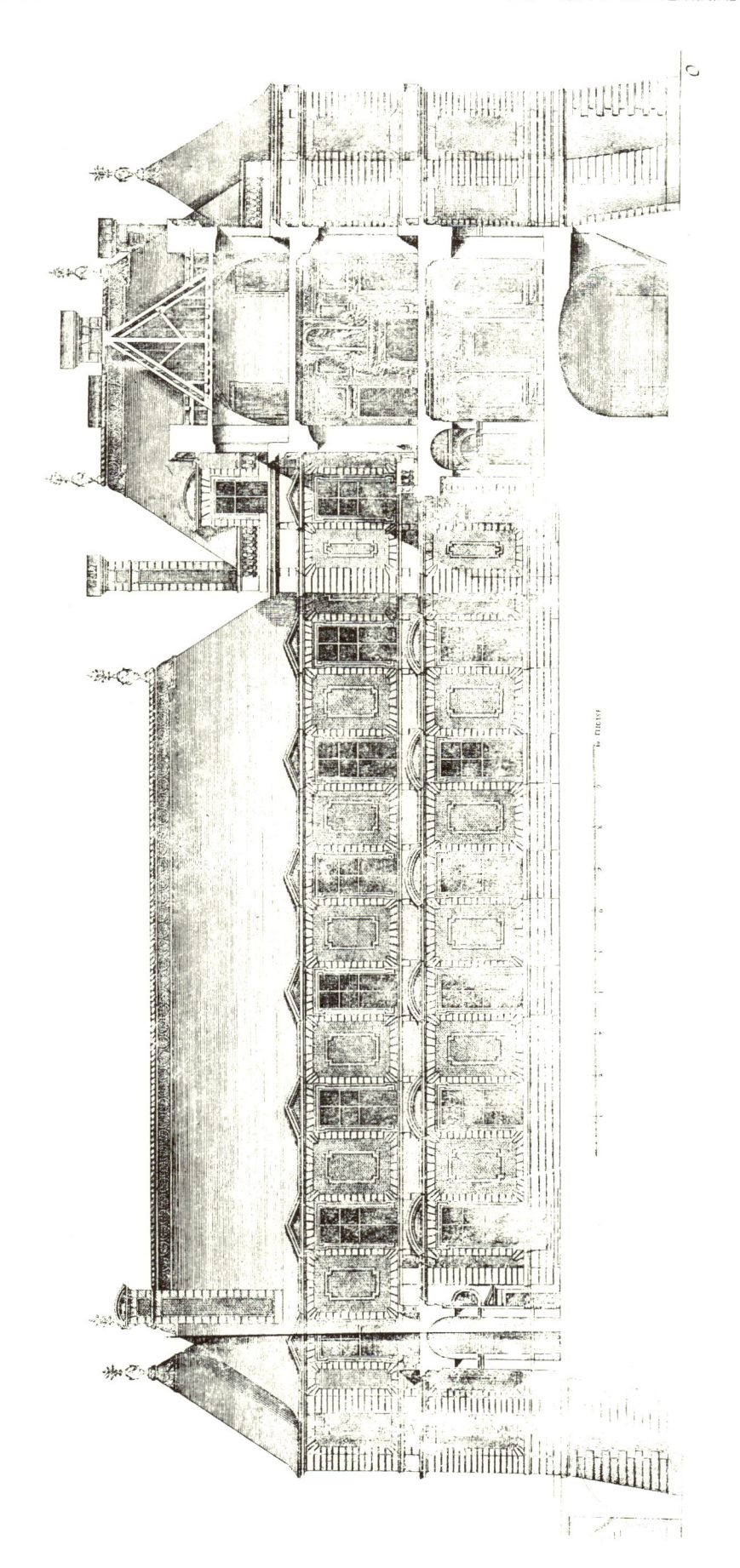

ポン城　植栽地側立面

FACÉ DV COSTÉ DV PARTERRE DV CHASTEAV DE PONTZ EN CHAMPAGNE

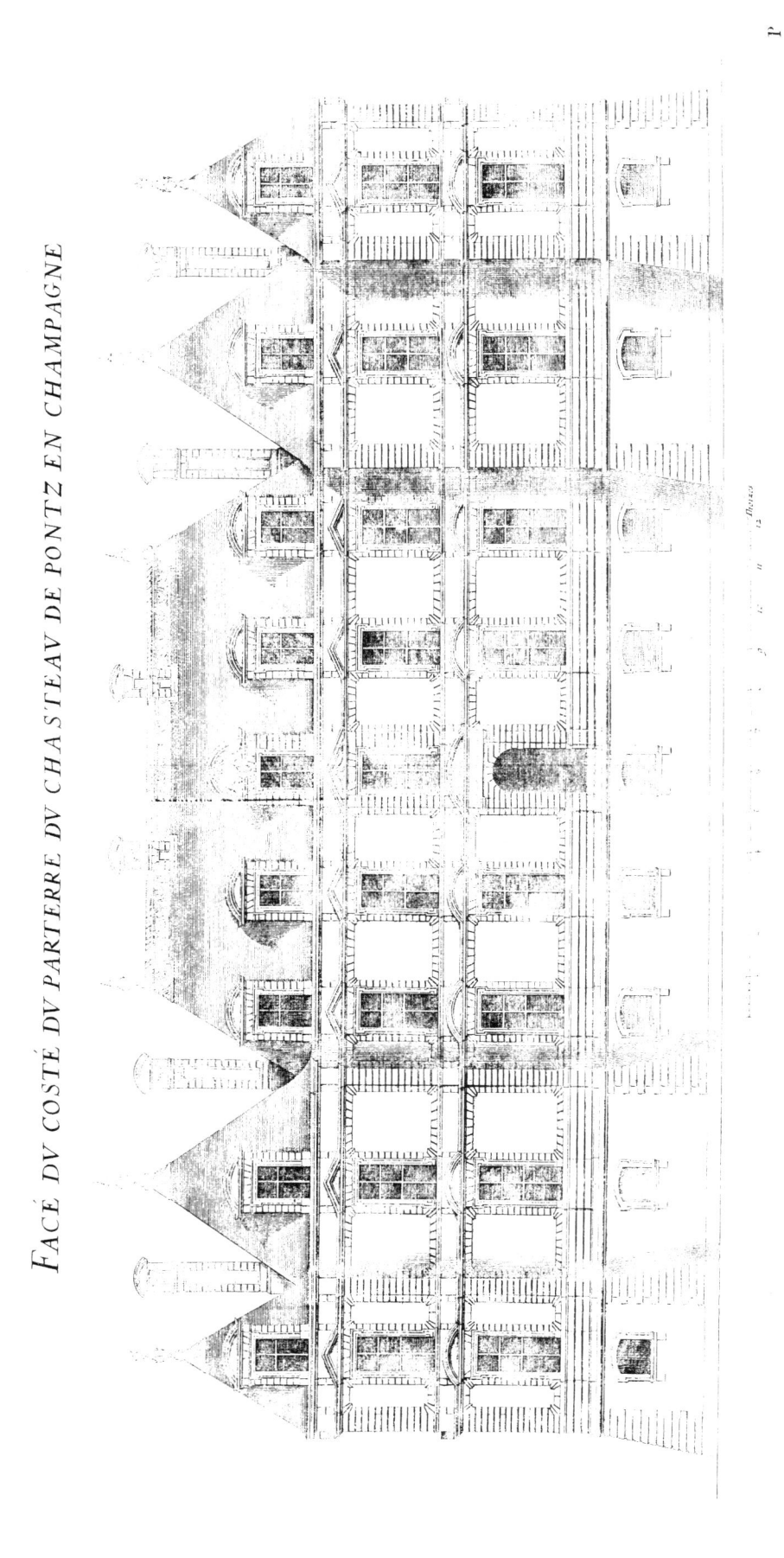

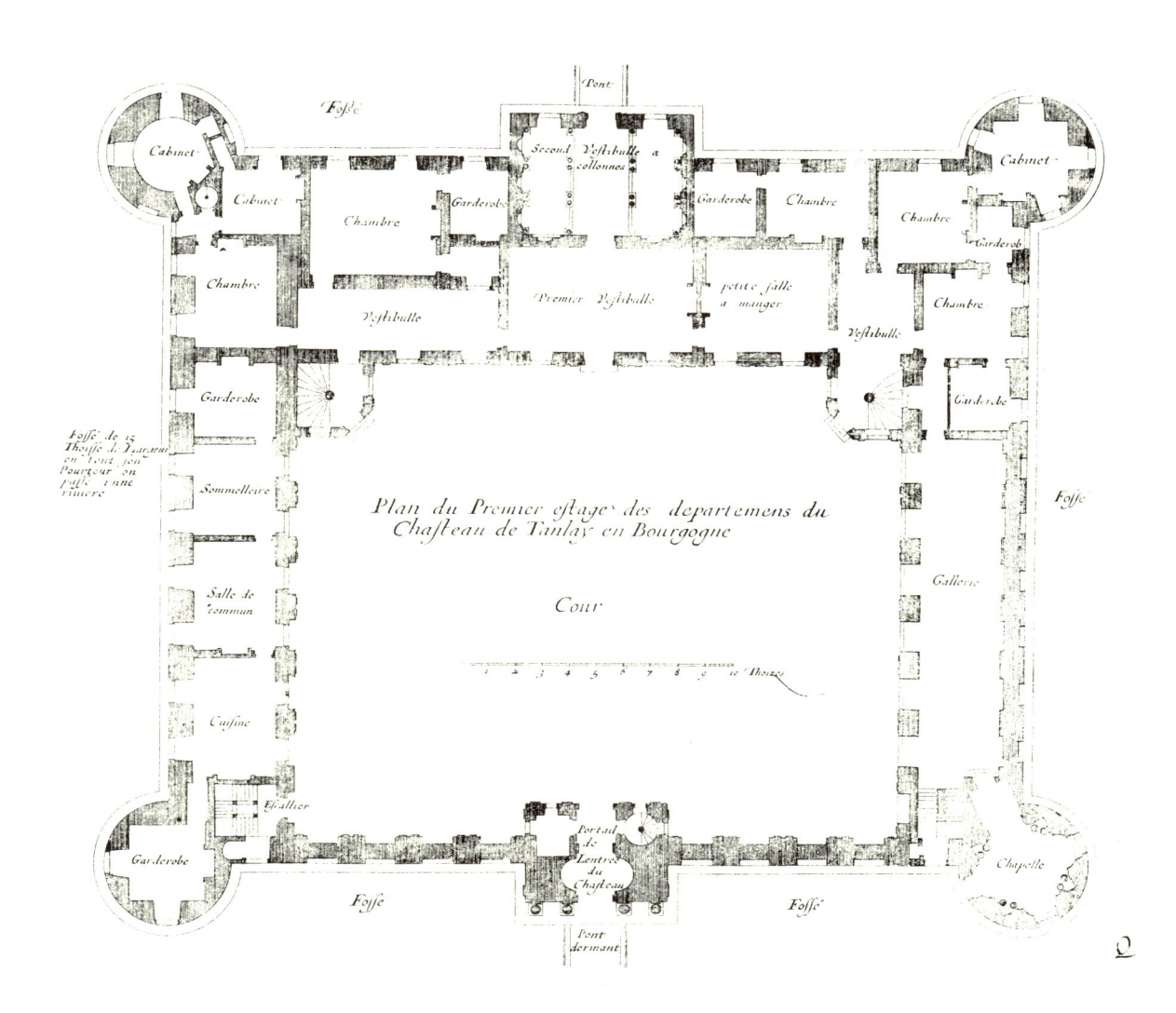

ブルゴーニュ、タンレー城　一階平面　　　　　　　　　　　　　　　付録：「万人のための建築技法」増補挿図

タンレー城　二階平面

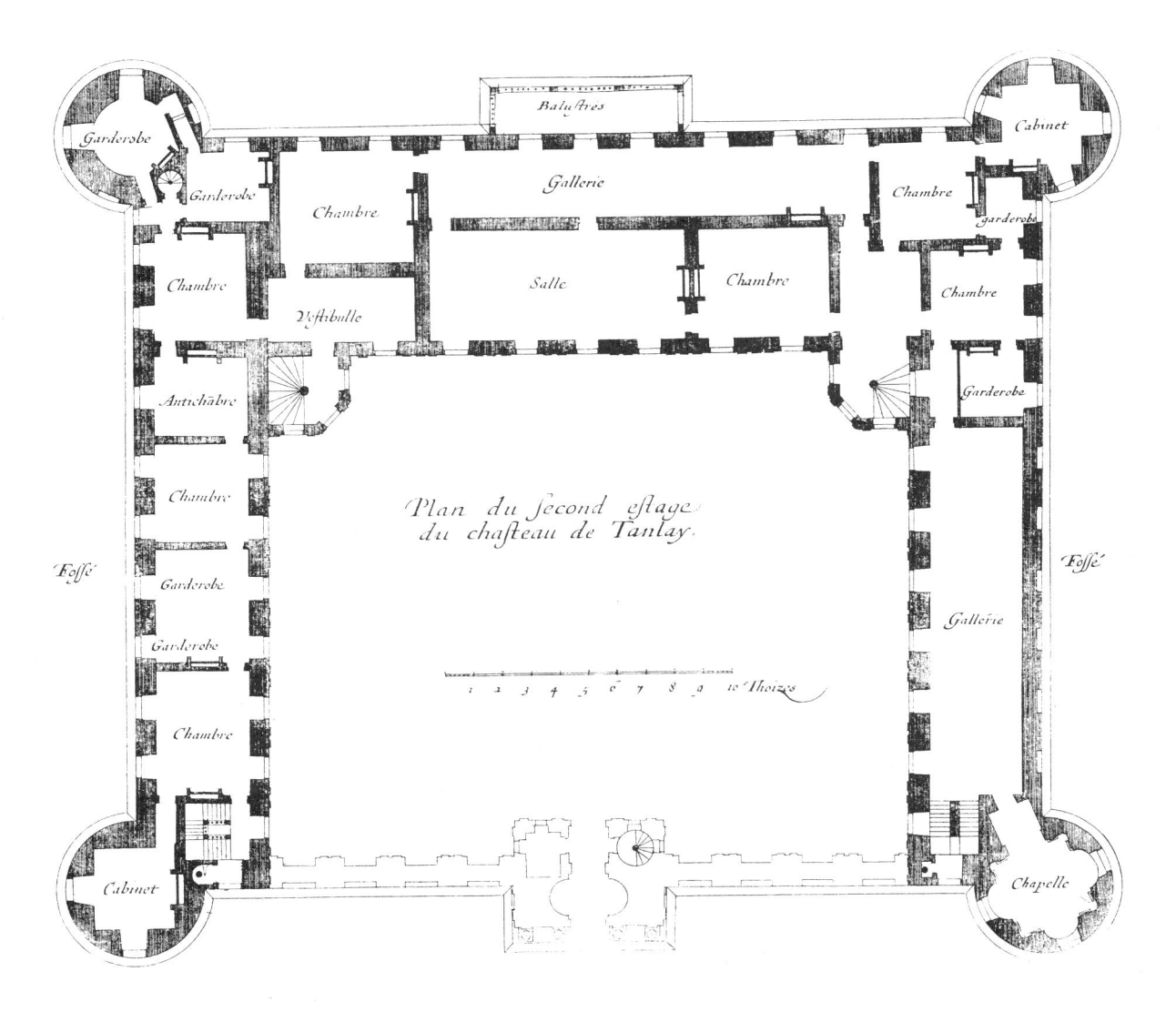

Plan du second estage du chasteau de Tanlay.

タンレー城　中庭側立面　　　　　　　　　　　　　　　　　　付録：「万人のための建築技法」増補挿図

FACE DV COSTE DE LA COVR DV CHASTEAV DE TANLAY

タンレー城　翼棟中庭側立面

L'VNE DES FACES DE L'AISLE DV COSTÉ DE LA COVR DV CHASTEAV DE TANLAY

タンレー城　植栽地側立面　　　　　　　　　　　　　　　　付録：「万人のための建築技法」増補挿図

FACE DV COSTE DV PARTERRE DV CHASTEAV DE TANLAY

タンレー城　運河起点部立面および平面

ÉSLEVATION GEOMETRIQVE DE LA TESTE DV CANAL DV CHASTEAV DE TANLAY

Plan de la Teste du Canal du Chasteau de Tanlay.

ABCD est un massif de maçonnerie qui est divisé par le desfous parcinq Acqueducs, ou entre vue rovere qui passe par cinq masques marques E, et qui tumbe dans le Canal F qui a 400 Thoizes sur 12 thoizes. G Balustres d'appuis. H. allées hautes I. marches pour descendre aux allées basses L.

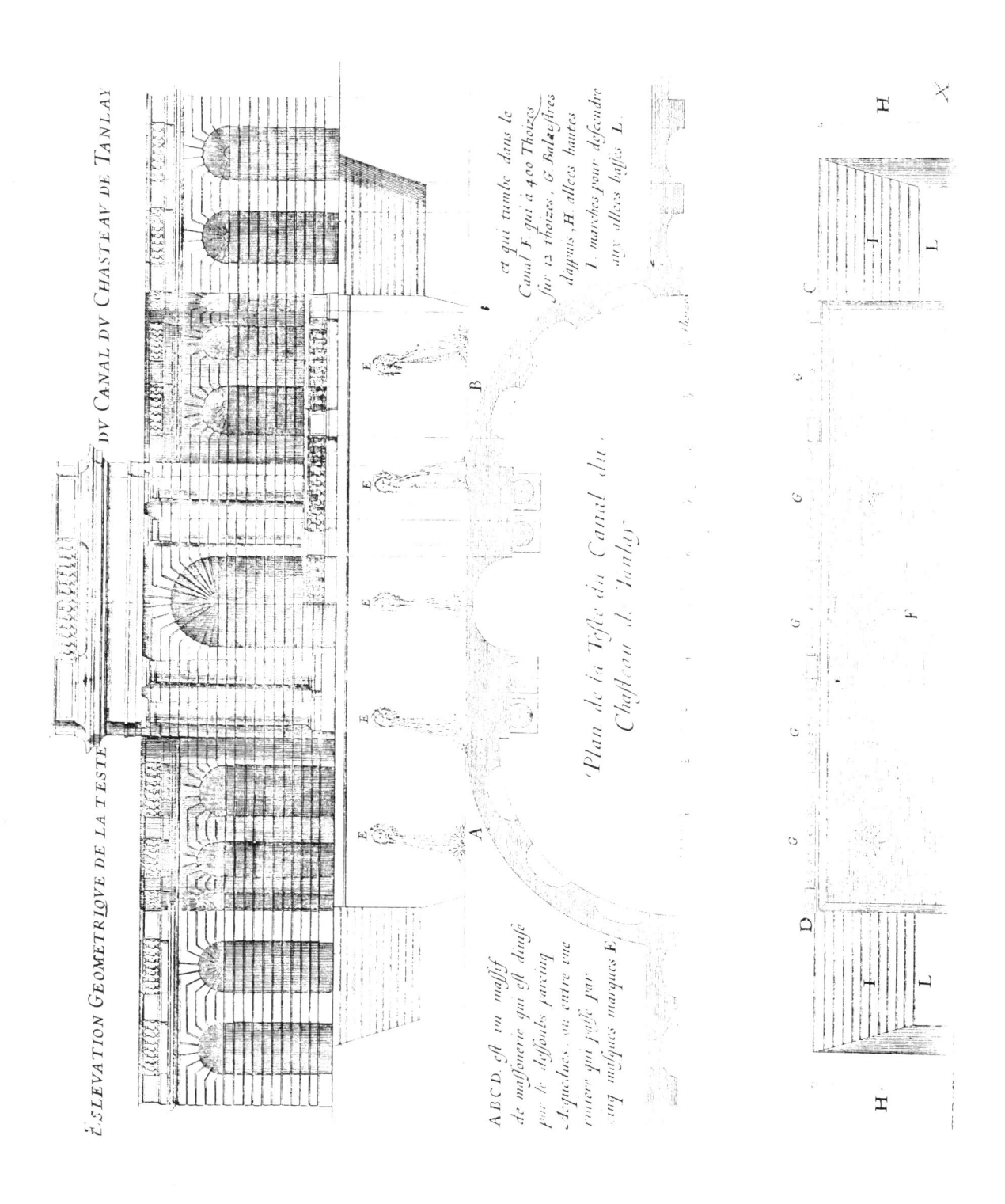

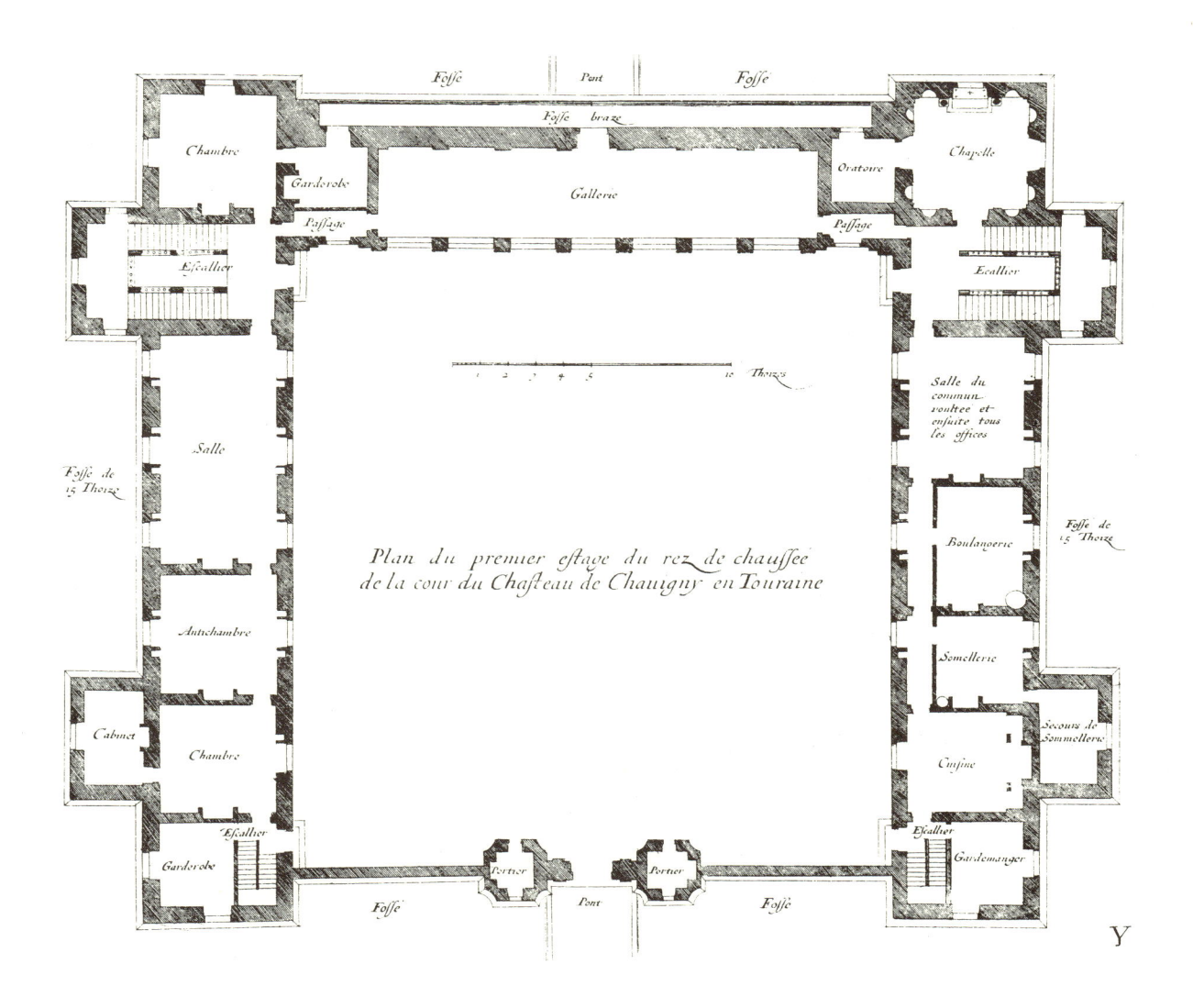

トゥレーヌ、シャヴィニィ城　中庭面一階平面　　　　　　　　　　　付録：「万人のための建築技法」増補挿図

シャヴィニィ城　城門立面

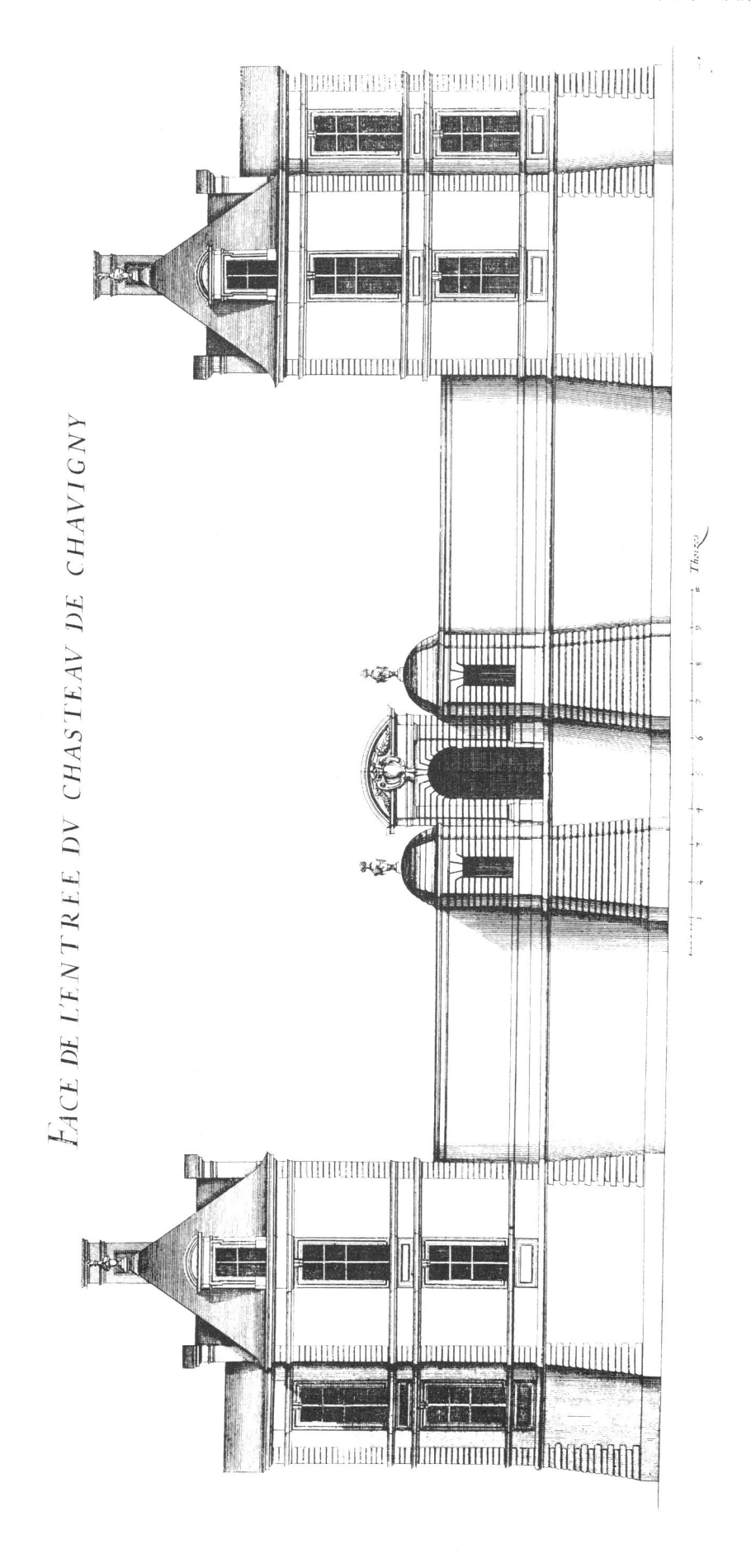

FACE DE L'ENTREE DV CHASTEAV DE CHAVIGNY

シャヴィニィ城　中庭側立面　　　　　　　　　　　　　　　　　　　付録：「万人のための建築技法」増補挿図

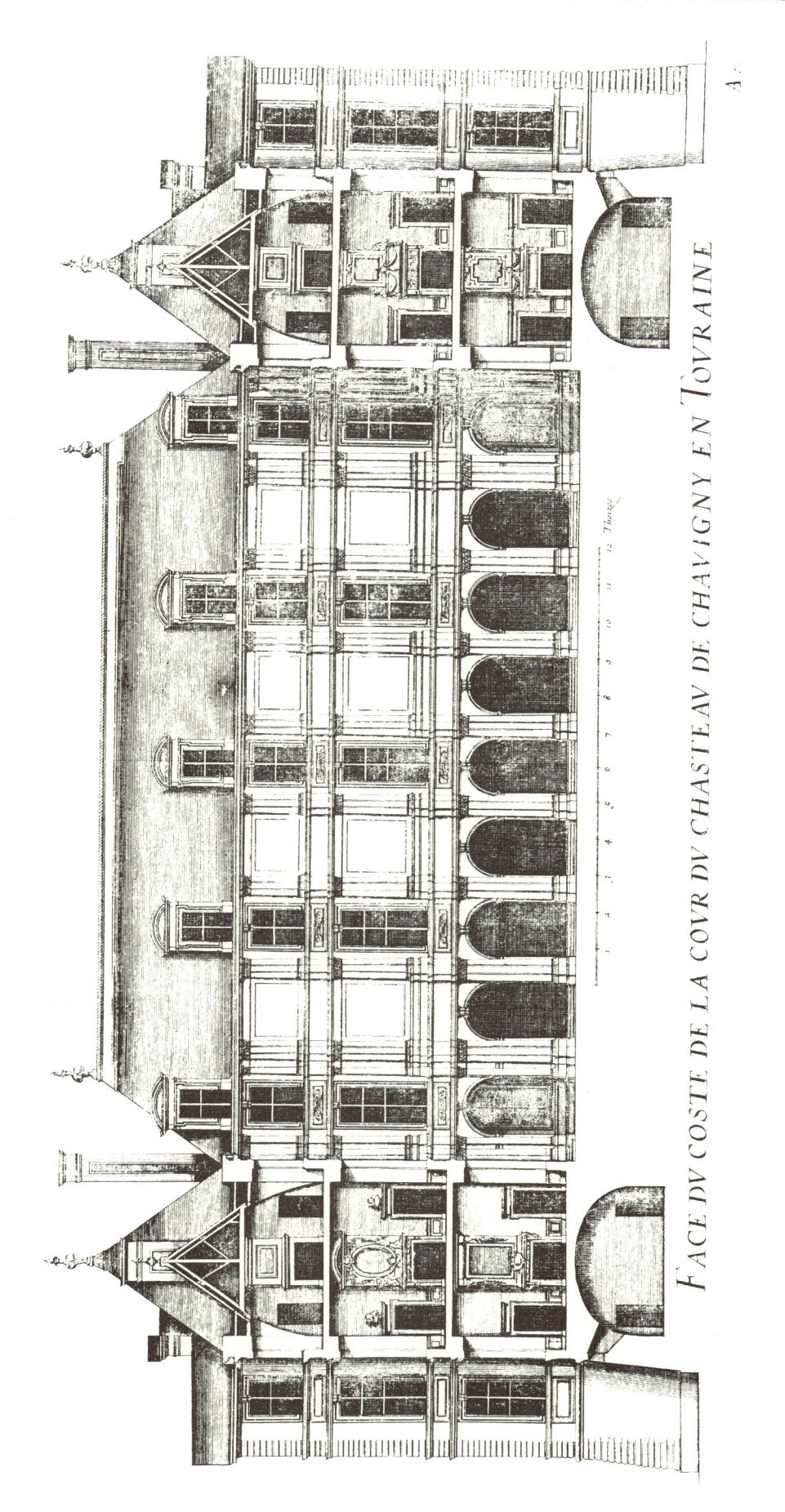

FACE DV COSTE DE LA COVR DV CHASTEAV DE CHAVIGNY EN TOVRAINE

シャヴィニィ城 礼拝堂

CHAPELLE DV CHASTEAV DE CHAVIGNY

BB

12 pieds

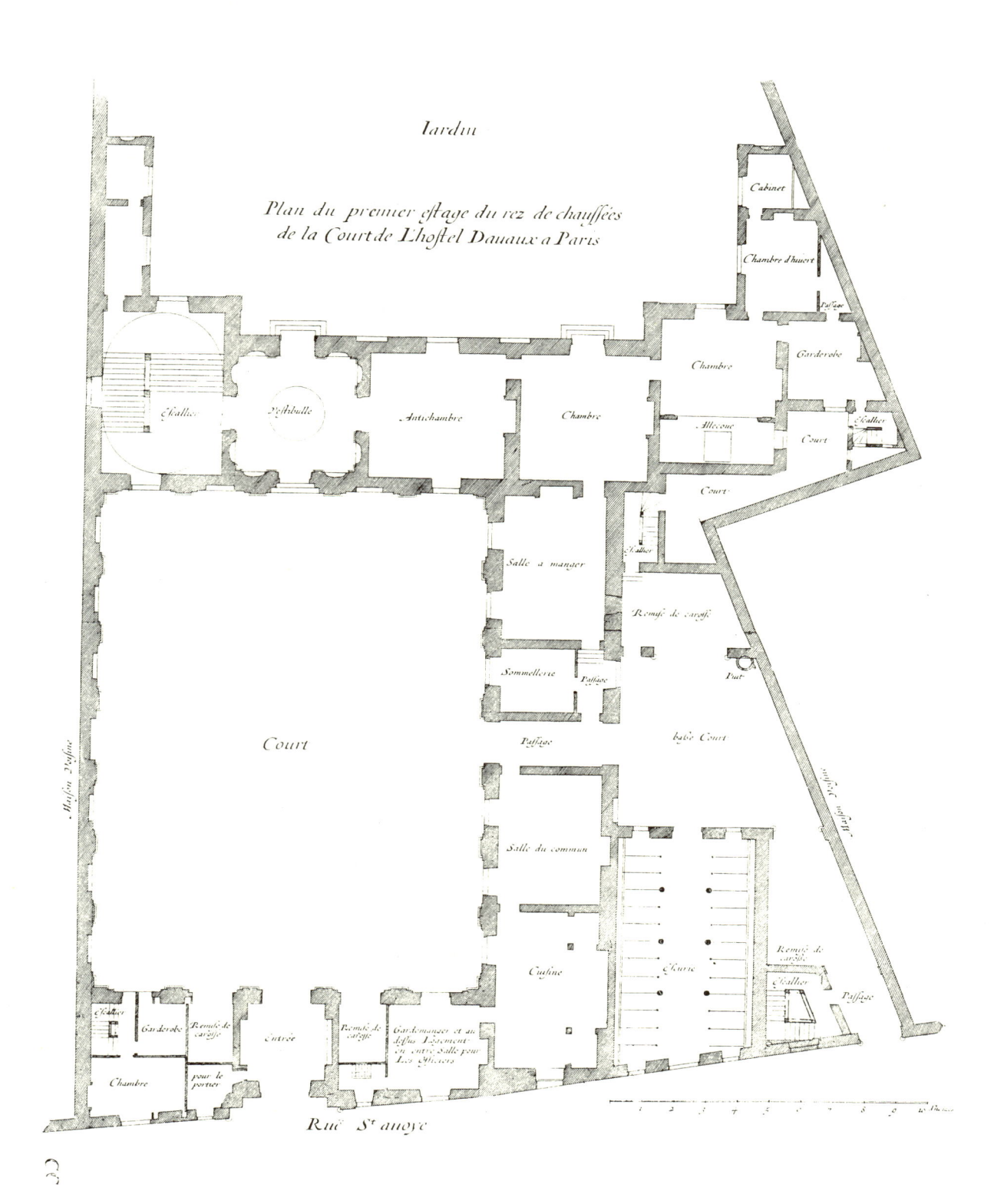

パリ、ダヴォ邸　中庭面一階平面　　　　　　　　　　　　　　　　付録：「万人のための建築技法」増補挿図

ダヴォ邸　二階平面

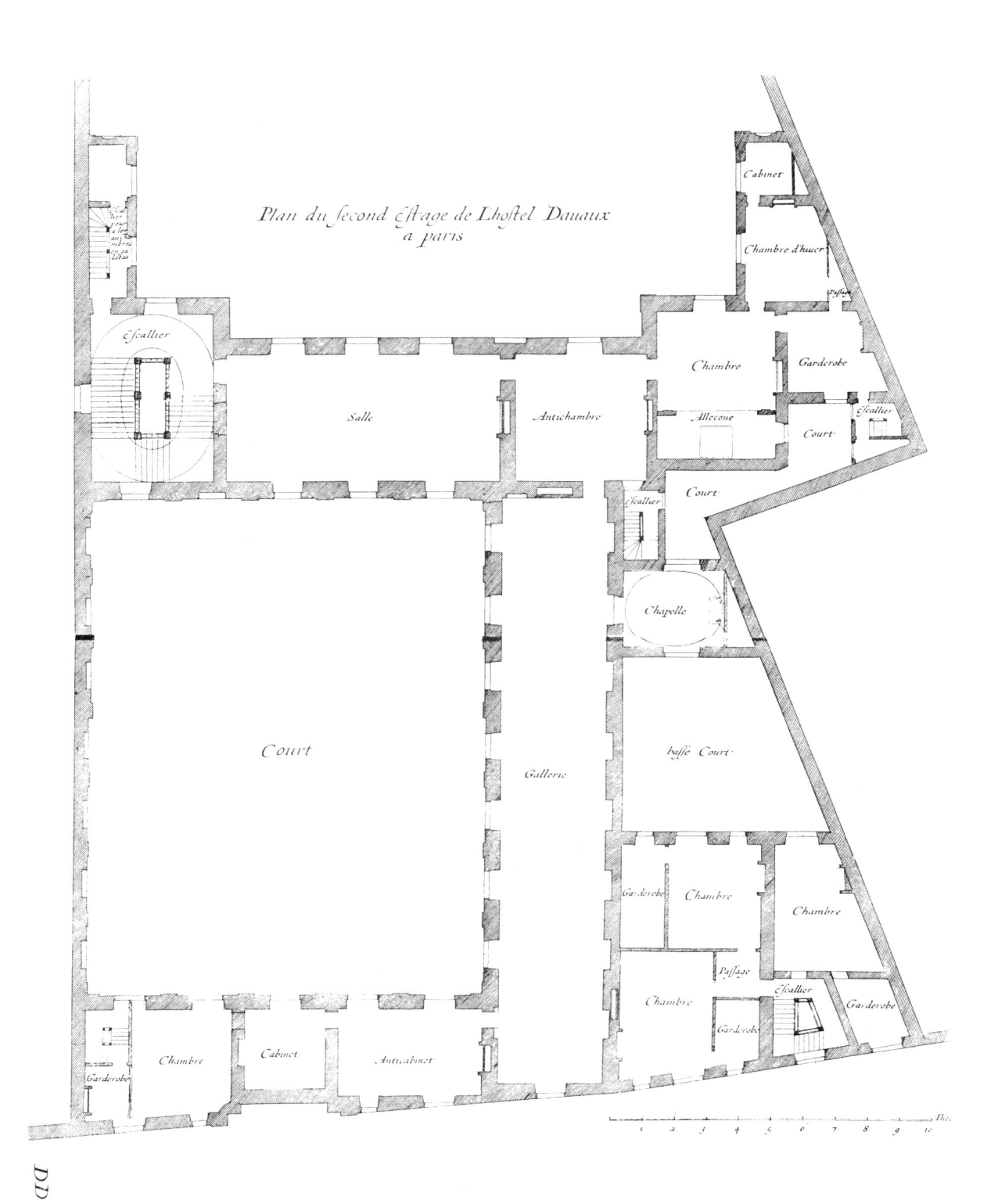

ダヴォ邸　街路側立面　　　　　　　　　　　　　　　　付録：「万人のための建築技法」増補挿図

ダヴォ邸　中庭側立面

FF

FACE DV COSTÉ DE LA COVR.T DE L'HOSTEL DAVAVX A PARIS

ダヴォ邸　庭園側立面　　　　　　　　　　　　　　　　　付録：「万人のための建築技法」増補挿図

FACE DV COSTÉ DV IARDIN DE L'HOSTEL DAVAVX A PARIS

あとがき

　このル・ミュエの著書に初めて目を通した時、頁を繰るごとに、連続絵巻のごとく一つの主題をめぐって展開する図面が都市の住まいを確実に描き出していることに、私は心地良い驚きを覚えた。その記憶は消えることなく残り、それを見返す度に鮮明さを増していった。そして、いつかこの書を日本語にして広く紹介したいと思うようになっていた。

　私がル・ミュエの書に出会ったのは偶然ではない。かつて、大学で都市工学を専攻し、大谷研究室で学んでいた頃、我国とは異なる都市居住の歴史と伝統をもつであろうヨーロッパの都市に興味を抱き、書物などを通してそれを学び始めたが、間もなく、フランス政府の給費によりパリに留学する機会を得た。初めての渡航に不安と期待を抱きながら、見送りを受けて羽田を飛び立ち、パリに着いた時には、晩秋の日はとっくに暮れ、夜の帳がおりていた。あくる朝、早々に目覚め、辺りを散策しようとホテルの外に一歩出て、最初に見たパリの街の光景は、およそ6、7階建ての堅固な建物が朝の明かりの中に建ち並び、私はそれまで体験したことのない空間に身を置いていることを実感した。その街や建物がどのような空間の成立ちであるのか、そして、それがどのような条件の下でつくり出されたのかという問いが、素直に私の中に根を下ろしていった。やがて、その問いの答えを見つけ出すべく、過去の資料を紐解き、文献も調べ始めたが、成果を得るためには予定外の歳月を要した。ル・ミュエの書は、その多くの文献の中の一つであり、私の問いの一端に触れ、資料の分析からも浮かび上がってくる都市空間の成立ちを示唆していると思われた。

　このたび、本書の意義が認められて、日本学術振興会平成15年度科学研究費補助金（研究成果公開促進費）の交付を受けることができ、小菅勉氏を代表とする中央公論美術出版がその刊行を快く引き受けて協力体制をとってくれたことは幸いであった。御蔭をもって刊行の運びとなった本書がより多くの人の目に触れ、その意義がより広く認められることを心から願う次第である。そして、また別の機会に、私が抱いた問いの展開についても著したいと考えている。本書の刊行にあたって、中央公論美術出版の鈴木拓士氏には編集の諸事において尽力をいただき、日野啓一氏には補助金申請のための見積りなどに力添えをいただいたことを記し、感謝の意を表します。また、本書執筆にいたるきっかけとなった、日本を離れての長期に及ぶ調査研究を支えてくれた家族にも感謝したい。

2003年　霜降

鈴木　隆

[訳者略歴]
鈴木　隆（すずき・たかし）

1947年、東京生まれ。東京大学教養学部教養学科および工学部都市工学科卒業。フランス政府給費留学生としてパリに留学、都市研究に従事し、フランス国立社会科学高等研究院（EHESS）博士課程修了（Docteur）。東京大学大学院工学系研究科博士課程都市工学専門課程修了（工学博士）。獨協大学講師、助教授を経て、現在、外国語学部教授。都市史・都市計画史、都市・地域計画論、住宅・建築論等の研究に携わる。

ピエール・ル・ミュエ
「万人のための建築技法」注解 ©

平成十五年十一月　十　日印刷
平成十五年十一月二十五日発行

訳者　鈴木　隆
発行者　小菅　勉
印刷　藤原印刷株式会社
製本　松岳社
用紙　日本板紙株式会社

中央公論美術出版

東京都中央区京橋二丁目八―七
電話〇三―三五六一―五九九三

製函　株式会社加藤製函所

ISBN4-8055-0450-1